# HALİ

# ÇOC
# İŞTE

ÇNK
Çanakkale Kitaplığı
Çocuk

9 +

ÇANAKKALE KİTAPLIĞI ÇOCUK YAYIN NO:1

ÇOCUKLUK İŞTE
Öykü

Halil ÖZÇEKLİK
haliltolga@gmail.com

BİRİNCİ BASIM
Eylül 2009

KAPAK VE SAYFA DÜZENİ
Halil ÖZÇELİK

RESİMLEYEN
Halil ÖZÇELİK

YAYINA HAZIRLAYAN
Metin KÜREN

BASKI
Türkmenler Mat. Rek. San. Tic. Ltd. Şti.
Davutpaşa Topkapı/İstanbul
Tel.: (212) 674 71 61 - 62

ISBN
978-605-89413-5-9

YAYINCI SERTİFİKA NO
13852

Çanakkale Kitaplığı Araş. İnc. Bil. Yay. Mat. Tic. Ltd. Şti.
Fetvane Sok. No: 29/1 Merkez/Çanakkale
Tel: 0286 212 95 45
canakkalekitapligi@gmail.com

*Ana babaların görevi çocuk doğduğu gün başlar. Kendileri öldüğü gün biter.

Halil ÖZÇELİK

Gelibolu Bayırköy'de 1953 yılında doğdu. Beşinci sınıfta Gelibolu'ya yerleştiler. Liseyi orada bitirdikten sonra İstanbul Atatürk eğitim Enstitüsü'nde okuyup Fen Bilgisi öğretmeni oldu. İlk görev yeri Ağrı Eleşkirt'te iki çalıştıktan sonra geldiği Çanakkale'de çeşitli okullarda görev yaptı. Yirmi yedi yıllık hizmetin ardından 2003'te emekli oldu.

Ortaokul yıllarında başlayan sanat çalışmalarına emekli olunca hız verdi. Karikatürde iki mansiyonu, sekizi bestelenmiş yüzlerce şiiri, yayına hazır sekseni aşkın öyküsü ve yine yayına hazır bir çocuk romanı var.

# ÖNSÖZ

Karşınızdaki yakın akrabanız bile olsa konuşacağınız ortak konu yoksa aranızdaki söyleşi bir dakika sürmeyecektir.

İnsanları yakınlaştıran, dostlukları pekiştiren ortak kültürel değerleridir. Birbirimize hızla yabancılaştığımız bu günlerde çocuklarımızın kalıcı dostluklar kurabilmesine katkısı olur umuduyla yazdım öykülerimi.

İstedim ki insanları, doğayı severek büyüsünler. Geleneklerimizi, göreneklerimizi yadsımadan çağdaş dünyanın getirdiği kolaylıkları, güzellikleri yaşasınlar.

Malı paylaşmak zordur ama bilgiyi paylaşmak kolaydır. Paylaşarak çoğaltmak ise en güzelidir. O bilgiler ki yüzyılların, binyılların süzgecinden geçirilip, damıtılarak ulaşmıştır günümüze.

Sevgili çocuklar çevrenizde oluşturduğunuz gölgeler kısalmaya başlamışsa bilgi güneşiniz yükseliyor demektir. Bilgi güneşiniz, okuyarak onu beslediğiniz ölçüde size ışık saçacaktır. Bu ışık çevrenizdeki karanlığı aydınlığa çevirecektir.

Sevgili çocuklar; unutmayın insan olmak için insan doğmak yetmez. İnsan olmak emek ister, çaba ister. Siz bu çabayı fazlasıyla gösterecek yetenek ve beceriye sahipsiniz.

Haydi, okuyun, okutun. Edindiğiniz ışığı her yere, herkese yayın.

Sevgili çocuklar! Hepinizi seviyorum.

Halil ÖZÇELİK

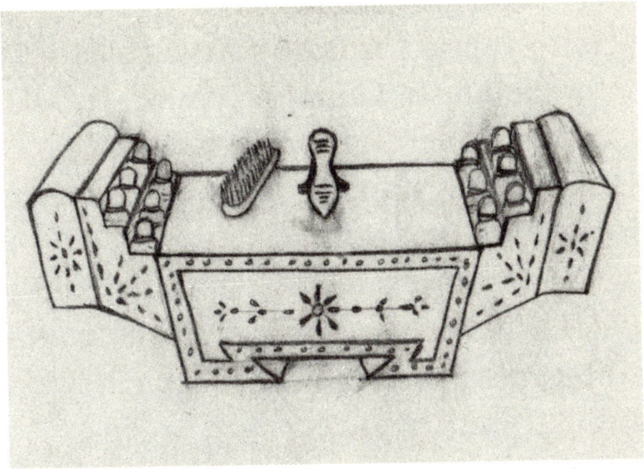

## BOYAYALIM ABİ

Genç adam bir gün önce otuz yaşına basmıştı. Sevgili karısı ona armağan olarak bir çift ayakkabı almıştı. Bugün onları giyip işe gelmişti. Siyah, çok şık ve oldukça pahalı ayakkabılardı. Güzel havalarda çalışmaya yürüyerek giderdi ve işten erken çıktığı zamanlarda dolaşmayı severdi. Bugün eve gitmeden önce biraz gezinecek kadar zamanı vardı. Daha fazla yürümek ve ciğerlerini bol oksijenle doldurmak için yolu uzatarak halk bahçesinden geçecekti. Gökyüzünde bir ateş topu gibi ışıldayan güneş onu bahçenin kapısına kadar izlemişti. Genç adam bahçeye girmiş; fakat güneş bahçedeki büyük ağaçların yapraklarına ve dallarına takılmış, içeri girememişti. Güneşin yaprak ve dallar arasından gönderdiği ışınlar ağaçların gölgelerini dalgalandırıyor; ancak insanları pek rahatsız etmiyordu.

Halk bahçesi asırlık ağaçlarla dolu büyük bir bahçeydi. Yaşlılar ağaçların altını yeşil bir halı gibi kaplayan çimenler üzerine oturmuş, birbirleriyle eski günlerden konuşuyorlardı. Yanlarında getirdikleri torunları ise bahçenin değişik yerlerine kurulan oyun parklarında gönüllerince eğlenerek oynuyorlardı. Bazı bodur ağaçların aralarında da gözlerden uzak birbirleriyle baş başa kalmak isteyen genç sevgililer oturuyorlardı. Genç adam önce yaşlıların yoğun olduğu çimenlik alandan geçerken bir gün kendisinin de onlar gibi olacağını düşündü. İçinde bir burukluk hissetti. Sonra bodur ağaçlar arasında birkaç liseli aşığı görünce kendisinin de sevgili karısıyla lise yıllarında bu ağaçların altında buluşup uzun uzun konuştuğu günleri anımsadı. İçinden; "Ne güzel günlerdi o günler" diye geçirdi. Yavaş yavaş yürüyerek çocukların neşe içinde oynadığı bir oyun parkının yanına geldi. Biraz durdu ve henüz bir yaşına bile basmamış olan sevgili kızı aklına düştü. Büyüyünce onu da buralara getireceğini düşündü. İçini ürperten bir coşku doldurmuştu.

Çocuk parkının önünden geçip çıkış kapısına doğru yürürken yanına boyacı çocuklar geldi. Bunlar dokuz on yaşlarında çocuklardı. Hepsinin ellerinde küçük, basit boya sandıkları vardı: "Boyayalım abi" dediler. Genç adam yolun kıyısındaki banklardan birine oturdu. Yanına ilk gelen çocuğa ayağındaki yepyeni ayakkabılarını boyattı. Amacı bu çocuklardan hiç olmazsa birine üç beş kuruş kazandırmaktı. Hiç kimseye karşılıksız yardım etmeyi sevmezdi. Bu çocukların böyle işler yaparak ailelerinin geçimine katkı sağlamaları onu duygulandırmıştı. Çünkü o da küçüklüğünde çeşitli işlerde çalışıp ailesine yardım etmişti. O, ayakkabılarını boyatırken diğer çocuklar çevreye dağıldılar. Boyacı çocuk parasını aldıktan sonra; "Bereket versin" deyip teşekkür ederek oradan ayrıldı.

Genç adam hemen kalkmadı. Oturduğu yerden bahçenin temiz ve bol oksijenli havasını biraz daha solumak istedi. Bu arada elindeki gazeteye de biraz göz atacaktı.

Aradan birkaç dakika geçmeden yanına bir başka boyacı çocuk yaklaştı. "Boyayalım, parlatalım abi" dedi. Genç adam gözlerinin içi gülen bu esmer, tombul yanaklı çocuğu çok sevimli buldu. Ona da birkaç kuruş verebilmek için beş dakika kadar önce boyattığı ayakkabılarını yeniden boyatmaya karar verdi. "Az önce boyattım ama boyacı çocuk acemiymiş galiba iyi parlatamamış. Bir de sen boya, iyice parlasınlar" dedi.

Çocuk ayakkabıları boyarken bildiği bütün hünerlerini gösterdi. Ayakkabıları, boya kutusuna ritimli vuruşlar yaparak, fırçaları elinden havaya atıp çevirerek, parlatıcı kadife parçasını gerdirip çeşitli sesler çıkartarak boyadı. İşi bitince parasını alıp uzaklaştı. İşini çok iyi yaptığına inanıyordu. Yani parayı hak etmişti.

Boyacı çocuk uzaklaştıktan sonra genç adam gazetesini okumaya daldı. Yanına yaklaşan çocuğu, çocuk elindeki bozukluk paraları bankın kıyısına vurarak bıraktıktan sonra fark etti. Şaşırmıştı. "Neler oluyor?" der gibi bakındı. Biraz dikkat edince bu çocuğun ayakkabılarını boyattığı ilk çocuk olduğunu anladı. Çocuk paraları bırakırken bir yandan da onuru kırılmış bir yetişkinin ifadesiyle söyleniyordu:

-Benim için "acemi" demişsin. Ayakkabılarını iyi boyayamadığımı söylemişsin. Al paralarını, ben hak etmediğim parayı istemem.

Genç adam ilk anda ne diyeceğini bilemedi. Bu parayı çocuğu kırmadan ona yeniden nasıl vereceğini düşündü. Çünkü çocuğun bu onurlu davranışından çok etkilenmişti. Gitmek üzere olan çocuğa seslendi:

-Bakar mısın delikanlı? Tamam, ben bir yanlış yaptım. Seni de istemeden kırdım. Ama sen de bir yanlış yapmıyor musun?

Çocuk bir an duraladı. "Benim yanlışım nerede, ne yanlış yapmışım ki ben?" diye düşünürken, genç adam konuşmasını sürdürdü:

-Senin yanlışın nedir, biliyor musun? Sana verdiğim bu paranın yarısı boya ve cila parası değil mi. Diğer yarısı da senin el emeğin. Sen işini doğru yapamadıysan boyanın suçu ne? Bence sen bu paranın yarısını almalısın, geri kalanını istersen almayabilirsin.

Çocuk durdu, biraz düşündü ve genç adamın bu sözlerini mantıklı buldu. Boyanın suçu olamazdı. Öyleyse boya ve cila parasını almalıydı. O da öyle yaptı. Bankın üzerindeki paraların yarısını aldı ve dönüp yürüdü. Genç adam yeniden seslendi:

-Bir dakika, sanırım yine yanlış yapıyorsun. Çocuk bir kez daha şaşırdı. Şimdi ne yanlış yapmış olabilirdi ki? O böyle düşünürken genç adam konuşmasını şöyle sürdürdü:

-Sen akıllı bir çocuğa benziyorsun? Senin adın ne? Benim ki Uğur. Çocuk; "Benim adım Erdem. Şimdi gidebilir miyim?" dedi. Uğur, çocuğa isterse gidebileceğini söyledi. Çocuk gitmeye hazırlanırken Uğur'un şu sözlerini işitti:

-Bana kalırsa sen burada kalan paranın da yarısını almalısın. Çünkü bu paranın yarısı senin kol kuvvetin için. Geri kalan yarısı da onları yönetmekte kullandığın aklın için. Anlıyor musun? Kolların üzerine düşen görevi yaptı. Yani onlar boyayı sürdüler, fırçaları salladılar, kadifeyle ayakkabıları parlattılar. Ama beynin üzerine düşen görevi yeterince yapmadı sanırım. O zaman kollarının hakkı olan parayı almalısın.

Çocuk Uğur'un anlattıklarını tam olarak anlamamıştı ama içinden bir ses onun söylediklerinin doğru olduğunu söylüyordu. Bunun üzerine kendisine uzatılan parayı aldı. Gerçekten kolları ayakkabıları boyarken çok yorulmuştu. Bu para onların hakkıydı. Parayı cebine koyarken genç adamın gözlerine baktı. Acaba yine bir şey söyleyecek miydi? Beklediği gibi de oldu. Uğur ona doğru bir iki adım yürüyüp şöyle dedi:

-Bak Erdem, bana sorarsan bende kalan paranın da yarısı senin hakkın. Çünkü bu paranın yarısı senin bu küçük yaşta çalışmayı düşündüğün içindi. Kalan yarısı da bu düşünceni uygulamaya koymanın karşılığıydı. Sen çalışmayı düşünmüşsün ve çalışıyorsun. Öyleyse düşüncen gerçekleşmiş. Bu da sana bu paranın yarısını alma hakkını kazandırıyor. Ama bu düşünceni uygulamaya koyarken yaptığın yanlışlardan dolayı diğer yarısını almayabilirsin. Haydi, hakkın olan parayı al küçük dostum, sen bunu hak ediyorsun.

Çocuğun kafası iyice karışmıştı. Adamın söyledikleri mantıklı geliyordu. O kendini bildi bileli çalışıyordu, emek harcıyordu. Ama gene de kalan paranın yarısını biraz gönülsüz olarak aldı. Sonra Uğur bir elini çocuğun omzuna koyarak yanına oturup biraz dinlenmesini söyledi. Bu arada biraz da söyleşebileceklerdi. Çocuk genç adamın kötü biri olmadığına inanmıştı. İçinden onun iyi biri olduğunu düşünüyordu. Biraz oturmasında bir sakınca olamazdı.

Genç adam Erdem'e kendisinin de yoksul bir işçi çocuğu olduğunu anlattı. Bu nedenle o da küçük yaşlarda çalışmaya başlamıştı. Konuştukça pek çok ortak yanlarının olduğunu anladılar.

-Erdem, sen ayakkabı boyamayı nereden öğrendin?

-Bana babam öğretti. Babama da dedem öğretmiş. Belki bilirsin. Dedeme; "Boyacı Bayram" derler. Burada herkes onu tanırmış. Şimdi yaşlandı, onun sandığını babam aldı. O yaşlanınca da bana kalacak. Uğur çocuğun sözünü keserek araya girdi:

-Dedeni iyi tanıyorum Erdem. Onun o kocaman süslü sandığını da biliyorum. Üzerinde sarı kapaklı cam şişeler içinde renk renk boyalar vardı. Deden boş kaldıkça bu pirinç kapakları parlatırdı, altın gibi olurlardı. Çok özenirdim. Benim de öyle bir sandığım olsun isterdim. Ama benim hiç boya sandığım olmadı. Senin şu küçük sandığın kadar bile.

Genç adamın bu içten sözleri Erdem'i etkilemişti. Onun adına üzüldü. Sonra

Uğur'un kendisine yaptığı öneriyi severek kabul etti. Ona fırça sallamayı ve fırçalarla sandığa ritimli vurmayı öğretecekti. Bunun karşılığında da bankın üzerinde kalan son bozukluk parayı alacaktı. Çünkü genç adamın başka bozuk parası yoktu.

Erdem hemen sandığını bankın önüne koydu. Sandığın arkasına da üzeri hasır örgülü eski taburesini yerleştirdi. Uğur tabureye kırılmasından korkarak çok dikkatli bir şekilde oturdu. Ama tabure onun umduğundan sağlamdı. Erdem öğrencisini derse hazırlayan bir öğretmen gibi yapılacak her şeyi tek tek açıklıyordu. Boya sandığından ne kadar uzağa oturulacağından, tabureye nasıl oturulacağına kadar, fırçaların nasıl tutulacağından havaya atılıp nasıl döndürüleceğine kadar her şeyi göstererek anlatıyordu. Öğrencisinin beceriksiz hareketlerine de kahkahalarla gülüyordu. Ama sonunda Uğur'un onun gösterdiği her şeyi öğrendiğini görünce mutlu oldu:

-Aferin, bak ne güzel öğrendin. İstersen sen de boş zamanlarında boyacılık yapabilirsin. Sana küçük bir sandık ayarlarız. Amcamın oğlunun bir sandığı var, o artık onu kullanamıyor. Kaza geçirdi; tüp patladı. Sakat kaldı çocuk...

Uğur, bu sevecen, onurlu küçük çocuğun anlattıklarını onun sözünü kesmeden dinledi.

-Her şeyden önce sana çok teşekkür ederim, küçük dostum. Sana "Küçük dostum" diyebilirim, değil mi? Uğur, Erdem'in başıyla yaptığı onaylamadan sonra sözlerine devam etti:

-Senden çok şey öğrendim. Emeğe saygıyı, işini sevmeyi öğrendim. Dürüst olmayı öğrendim. Bana bu öğrettiklerin için sana teşekkür ederim. Ara sıra görüşelim. Benim şimdilik bana yetecek bir işim var. Bakma bugün böyle aylak dolaştığıma. Aslında hiç boş zamanım olmuyor. Bu durumda boyacılık da yaparsam ailesinin geçimine katkı sağlamaya çalışan senin gibi çocukların işine engel olurum. Bu da beni üzer.

Uğur duygulanmıştı. Sesinin çatallaştığını hissetti. Onu ilgiyle dinleyen çocuğun sevimli yüzüne bakarken aklından hızla şu düşünceler geçti: "Keşke senin yaşındakileri ailelerinin geçim dertlerine ortak etmesek. Keşke tüm çocuklarımıza boş zamanlarında sanat, spor, bilimsel çalışma, çevre gezileri yaptırabilsek. Bu yaşlar sizin oyun çağınız. Arkadaşlarınızla oyunlar oynayarak kalıcı dostluklar kurmayı öğreneceğiniz yaşlar."

Biraz duraladıktan sonra konuşmasını şöyle sürdürdü:

-Sana söz veriyorum, bir gün işsiz kalırsam gelip seni bulacağım. O zaman bana bir sandık ayarlarsın. Yalnız sen de bana söz vereceksin, Erdem. Okulunu bitireceksin ve bir meslek edineceksin. Başın sıkışınca da gelip beni bulacaksın. Söz mü?

Erdem, kendisine böyle yakınlık gösteren bu genç adamı sevmişti. Ona içtenlikle söz verdi. El sıkıştılar. Sonra sandığını omzuna, taburesini eline alıp "Boyayalım Abi, boyayalım abi" diyerek oradan uzaklaştı.

## BONCUKLU

-İn aşağı oradan güzel oğlum, düşeceksin.

-İnmeyeceğim işte.

-İner benim oğlum akıllıdır. Annesini üzmez.

-İnmeyeceğim dedim ya.

Kadıncağız her yolu deniyordu bahçelerine bitişik komşunun samanlık damının üzerinde gezinip duran çocuğu aşağı indirebilmek için. Yaramaz oğlan oyun sanıyordu annesinin söylediklerini. Annesi böyle söylendikçe o, damın üzerinde sağa sola yürüyor, bir yandan da gülüyordu. Gönlünce eğleniyordu. Annesi ise duvar boyunca onun hareketlerine uygun olarak ileri geri hareket ediyor oğlu kayıp düşecek olursa tutmaya hazır bekliyordu.

-İnmeyeceğim işte... Ayyy!

Yüreği ağzına geldi kadının. Yedi yaşındaki bu yaramaz çürük bir kiremide basınca kiremit kırıldı ve damın üzerine kıç üstü oturdu.

-Canım oğlum! Yalvartma beni. Düşeceksin de baban gibi olacaksın. İster misin ha? İster misin baban gibi olmayı.

-Hayırrr!

Çocuk kendisini aşağıda bekleyen annesinin kucağına atıverdi. Kadın çevik bir hareketle oğlunu havada yakaladı ama ikisi birden yere yuvarlandılar. Yerde sırtüstü yatan kadın üzerine düşen oğlunun başını, yüzünü elleriyle inceledi; "Çok şükür! Çok şükür bir şeyin yok." dedi. Onun yanaklarını, gözlerini öptü. Sonra onu kucağından indirip doğruldu, oturdu. Oğluna sıcacık baktı ve onu yeniden kucakladı.

-Beni çok korkuttun, oğlum. Sakın bir daha böyle yapma. Tamam mı? Söz ver bana.

-Peki yapmam. Söz.

-Haydi şimdi içeri geçelim de sana bir

dilim yağlı ekmek vereyim. Üzerine de bol salça sürerim.

Kalkmaya çalıştı. Birden sağ kalçasına bir sancı saplandı. "Düştüm ya ezilmiştir... eziktir canım. Ne olacak ki?" dedi kendi kendine. Kalçasını ovuşturdu. Ağrıyordu. Ovuşturunca canı daha çok yandı. Birden bu ağrının bacağından yüreğine doğru hızla yükseldiğini hissetti. Korktu.

-Tut bakayım, oğlum. Kaldır beni.

Ağrıyı unutmak istiyordu. Sevgili oğlunun küçük elinden tutarsa onun ellerinin sıcaklığı ağrısına iyi gelecek sanıyordu. Ama çabaladıkça ağrının arttığını duyumsadı. Aklının uzak bir köşesinde çöreklenmiş bir düşünce ağzından söz olup dökülmek için can atıyordu sanki. "Ya kırıksa! Ya kötürüm kalırsam."

Zorlamaktan vazgeçti, biraz dinlenmeye karar verdi. Dinlenince geçebileceğini düşündü. Daha doğrusu öyle olacağını umdu.

Oğlu babasının ona kalın bir ağaç dalından oyarak yaptığı oyuncak gemiyi tavukların su yalağında yüzdürüyordu. Oyuna dalmış annesini unutuvermişti.

-Oğlum, ben kalkamayacağım galiba.

Sen şu Bakkal Recep'in kahveye git bakalım. Dayın oradaysa gelsin. Haydi Ercan'ım.

Çocuk hemen oyuncağını bırakıp avlu kapısından çıkıp gitti. "Kocaman oğlan oldu." diye düşündü kadın onun arkasından bakarken. Bazen onu on yedi yaşında bir delikanlı gibi görüyordu. Ama çoğunlukla annesinin gözünde yedi aylık bir bebek gibiydi o; öylesine sevimli, öylesine korunmaya muhtaç.

-Anneee, dayımı buldum.

Ercan'ın bu sözleri kadını düşüncelerinden kopardı. Avlu kapısından dayısının elinden tutup çekiştiren oğlunu görünce yüzündeki acıların izleri azalıverdi. Oğlan kardeşi uzun boylu, iri yapılı, güçlü biriydi. Hemen onun yanına gelip;

-Ne oldu sana böyle Fatma abla? Yoksa...

Aklından geçenleri söylemedi. Şimdi sırası değildi. Hem bilmeden kötü şeyler söyleyip onu üzmek istemedi. Ablasının arkasına dolanıp ellerini onun koltuk altlarından geçirerek kuvvetlice yukarı çekti. Kadın kardeşinin desteğiyle sol ayağının üzerine dikildi. Sağ ayağını denedi, ağrıyı duyunca vazgeçti.

-Rıza, beni içeri götür de divana uzanayım. Dinlenince belki geçer.

Kardeşi ablasının sağ elini omzuna alıp bir eliyle de belinden tutarak onu içeri taşıdı. Üzeri sünger yataklı divana uzattı.

-Rıza. Sen gidebilirsin. Ama eniştene bir şey söyleme, üzülmesin. Böyle yatınca ağrım sızım yok. Akşama bir şeyciğim kalmaz.

Rıza ablasına bir şey olursa Ercan'la haber yollamasını söyleyip ayrıldı onun yanından. Yeğeni Ercan bahçede tavuk yalağında gemi yüzdürüyordu yine. Çocuğun saçlarını okşayıp avlu kapısına yürüdü. Kapıdan çıkarken;

"Ara sıra anneni dolaş. Bir şey olursa beni bul, e mi?" dedi.

Çocuk dayısı gittikten biraz sonra içeri annesinin yanına gitti. Annesi divanda uzanmış yatıyordu. Kadın onu görünce yattığı yerden doğruldu. Tam bu sırada sağ bacağının kütlediğini duydu. Sonra bir hafiflik hissetti bacağında. Divandan yavaşça indi. Ağırlığını sol bacağının üzerine verip dikildi. Sonra sağ bacağının pek ağrımadığını fark etti. Çok mutlu oldu. Oğlunu kucakladı. Birlikte divana oturdular. Çocuk annesine kafasını kurcalayan soruyu sordu:

-Anne! Babam nasıl öyle oldu? Ne zaman oldu?

-Pek küçücüksün be yavrum. Ama nasıl olsa bir gün anlatacaktım. Madem istiyorsun, anlatayım.

Ben de baban da on yedi yaşındaydık evlendiğimizde. Daha çocuk sayılırdık. İlk gençliğe yeni adım atmıştık. Evlilik bizim için evcilik oyunu gibiydi. Yani çok ciddiye almıyorduk. Biraz kendi isteğimizle daha çok da ailelerimizin zoruyla evlendirilmiştik.

Evliliğimizin ilk günlerinden birinde Hüseyin Deden eve beş tane kuzu getirdi. Bunları babana verip şöyle dedi: "Bak Ahmet! Bunlara gözün gibi bakacaksın. Önümüzdeki kurban bayramında dördünü satacağız, birini biz keseceğiz. Tamam mı?"

Baban "Hayır" diyemedi. Böyle demeye hakkı yoktu ki. Zaten bu evde Hüseyin Dede'nin dediklerine hiç kimsenin karşı çıkmaya cesareti yoktu. Çok sert adamdı, deden. Dediği dedik, çaldığı düdüktü onun.

Çocuk güldü. Annesinin; "Dediği dedik, çaldığı düdük" sözü komik gelmişti ona. Babasının söğüt dalından yaptığı düdüğü cebinden çıkarıp öttürdü, güldü yeniden. Kadın oğlunun başını sıcacık duygularla okşadı, yanağından öptü.

-Baban bu kuzulara gerçekten gözü gibi baktı. Onlar da çok güzel, çok sevimli şeylerdi. Ama içlerinden biri hepsinden başkaydı. Baban da onu çok sevmişti. Bu sevimli yavru onun önünden ardından gezinir, dururdu. O oturunca oturur, o kalkınca kalkardı. Yemini babanın elinden yerdi. Kısa zamanda bu kuzu hepsinden daha çabuk gelişti. Baban onun boynuzlarına kırmızı kurdeleye geçirilmiş mavi bir boncuk taktı. Ondan sonra da bu kuzunun adı "Boncuklu" kaldı.

Boncukluyu hepimiz çok seviyorduk. Günler çabucak geçiyordu. Kurban bayramı yaklaşmıştı. Baban düşüncelere dalıp gidiyordu. Sevgili kuzusunu kesilmekten nasıl kurtaracağını düşünüyordu. Dedene "Bu kuzuyu kesmeyelim, diğer kuzulardan birini keselim, üçünü de satalım" demişti de deden az daha babanın kafasını kıracaktı.

Kurbana üç gün kala deden babanı erkenden uyandırıp; "Bugün yalnız boncukluyu otlağa götüreceksin, ben öbür kuzuları pazara götürüp satacağım. Parasıyla da bayramlık alışveriş yapacağım" dedi. Boncuklunun günleri sayılıydı. Arife günü akşam yemeğinden sonra baban kahveye gitti. Giderken bana; "Ben geç geleceğim. Beni bekleme, sen yat." dedi.

Biz kadınlar o gün çok yorulmuştuk. Bahçenin süpürülmesi, odaların temizliği, yemek hazırlığı derken bitkin düşmüştük. Deden bizden yorgundu. Erkenden birer ikişer yattık. Gece yarısını geçmişti. Bir ara boncuklunun melediğini duydum. Deden de duymuş. O sabah; "Bu gece boncuklu acı acı meledi. Hayvan bile olsa o da bir can taşıyor. Kesileceğini anlamıştır. Onun için melemiştir hayvancağız." dedi.

Ben sabah uyandığımda baban yanımda yatıyordu. Gece ne zaman geldiğini duymamışım. Deden erkenden kalkıp bizi de uyandırmıştı. Biz sabah temizliğini yaparken o boncukluya son yemini vermeye gitti. Gitmesiyle bağırarak damdan çıkması bir oldu. "Boncukluyu çalmışlar. Boncukluyu çalmışlar." diyordu. Bunun üzerine hepimiz kuzuyu aramaya başladık. Bahçenin her yerini, samanlığı, kileri, evin içini odaları, her yeri her yeri aradık hiçbir yerde bulamadık Boncuklu'yu.

Babanla deden bayram namazına gittiler. Bizim buralarda namazdan sonra camide bayramlaşmak gelenektir. Yani herkes birbiriyle bayramlaşır, sonra evine gider. Deden o sabah her bayramlaştığına önce; "Bayramınız mübarek olsun. Nice bayramlara inşallah." diyor ardından kuzuyu soruyormuş: "Bizim Boncuklu kayıp. Gördünüz mü acaba? Görürseniz bana haber edin." diyormuş.

Camiden en son onlar çıkmışlar. Eve gelip kahvaltıya oturduk ama kimsenin yiyesi yoktu. Yalnız baban çok acıkmış olmalı ki hiçbir şey olmamış gibi yiyordu. Deden bunu fark etti. Babana dönüp:

"Ahmet! Sakın boncukluyu sen saklamış olmayasın." dedi. Baban elinde yudumu ağzı açık dedene bakakaldı. Sonra birden ayağa kalkıp kapıdan fırladı dışarı. Deden de ardından koştu. Sofra darmadağın olmuştu. Biz de her şeyi bırakıp korkuyla çıktık bahçeye. Baban önde, deden arkada kuyunun çevresinde dönüp duruyorlardı. Dedenin elinde kocaman bir odun parçası vardı. Babanı yakalasa kesin bir tarafını kıracaktı. Kurtulamayacağını anlayan baban bahçe duvarına tırmanıp oradan komşunun samanlık damının çatısına çıktı. Deden de ardından duvara tırmandı. Fakat baban kiremitler üzerinde koşarken çatı çöktü ve çatıyla birlikte aşağı yuvarlandı. Yüreğimiz ağzımıza geldi. Çığlık çığlık bağırıyorduk ama samanlıktan yükselen bir çığlık hepimizin bağırtılarını bastırmıştı. Bu babanın sesiydi.

Çevreden bütün komşular bu acı bağırışı duyup geldiler. Baban samanlıkta dirgenin üzerine düşmüş. Bu beş parmaklı demir yabanın iki dişi babanın bacağına saplanmış. Onu hemen hastaneye götürdüler. Baban kurtulmuştu, yaşıyordu ama sağ bacağı sakat kaldı. O gün bugündür koltuk değnekleriyle yürüyebiliyor ancak. Deden bu olaydan sonra sessiz, yumuşacık bir adam oldu. Sormazsan konuşmaz, üç gün aç durur; önüne koymazsan yemek yemez. O sert adamın böyle olacağına hiç aklım ermezdi. Kimse de akıl erdiremedi. Ne kadar sert olsa da, sevgisini belli etmese de babanı çok seviyordu. Onu kaybetmek korkusundan böyle oldu sanıyorum.

Baban bu olayın etkisinden zor kurtuldu. Yaşama küsmüştü; "Ben sakat, yarım biriyim." diyordu. Ama ben onu her haliyle seviyordum. Çok uğraştım. Sonra sen oldun. Senin sevgin babanı yeniden yaşama bağladı. Biz böyle de mutluyuz sevgili oğlum. Ben babanı çok seviyorum, o da bizi çok seviyor.

-Boncukluya ne oldu anne?

-Hani dedenin bazı günler seni sırtına bindirdiği ve her sabah kırlara götürüp otlattığı koç var ya işte boncuklu o. Yaşlandı artık. On yaşına bastı. Ama onu kesmeye kıyamadık. Yaşadığı kadar yaşayacak.

## NİNEMİ SEN ÖLDÜRDÜN

Mahkeme salonu doluydu. Yargıç ve savcı yerlerini almışlardı. Az sonra celse başlayacaktı. Sanık sandalyesinde altmış beş yaşında temiz ve düzgün giyimli biri oturuyordu. İyice seyrelmiş ak saçları özenle taranmıştı. Gözünde yüksek dereceli miyop gözlükleri, boynunda küçücük düğümlü, elbisesiyle uyumlu kravatı vardı. Adam öylesine dalmıştı ki çevresinde olan biteni ne duyuyor ne de görüyordu. O aslında kendi kendini yargılıyordu. Bunca yıl öğrencilerine dikkatli olmalarını, trafik kurallarına uymalarını söylemişti. Ama nasıl olduysa o gün park yerinde duran arabaya kırk yıllık usta bir şoför gibi değil de ehliyetini yeni almış bir acemi gibi vurmuştu. Kendini bir türlü bağışlayamıyordu.

Aslında suçunu hafifletecek nedenleri vardı. O gece hiç uyumamıştı. Gözü gibi koruduğu, günde üç kez fırçaladığı dişlerinden biri üstelik en arkadaki azı dişi ağrımıştı. Hem de ne ağrıma. İlaç kullanmayı sevmediği için evde kendi bildiğine alınmış ilaç bulunmazdı. Eczane uzak, vakit geç olduğundan bütün gece kekik suyu ile ağrıyı dindirmeye uğraşmış, sabahı etmişti.

Erkenden hastaneye gitmiş, diş hekimi dişinin çekilmesi gerektiğini söylemişti. Ancak diş üç köklü büyük azı dişiydi ve çekimi zordu. Onun için morfini biraz fazla vurmuştu dişçi. Çekimden sonra bir yandan uykusuzluk bir yandan morfinin etkisi serseme döndürmüştü onu. Tek istediği eve gidip biraz uyumak, dinlenmekti. Bu düşüncelerle arabasını bıraktığı park yerine gitti. Park yeri deniz kıyısındaydı. Oraya vardığında bir başkasının gelip onun arabasının arkasına bıraktığını görmüştü. Ama adam öyle bir park etmişti ki onun çıkışını engellemişti.

Arkada kalan daracık bir yerden çıkmaya çalışacaktı çaresiz. Arabasına binmiş, ileri geri azar azar giderek çıkmaya çalışmıştı. Tam arabasını kurtaracağı sırada kafası iyice karıştığından geri vites yerine ileri vitese takınca önündeki arabaya vurmuştu. Çarpmanın etkisiyle panik yapmış bu kez de fren yerine gaza basmıştı. Öndeki araba denize uçmuş kendi arabasını zor durdurmuştu. Deniz sığdı. Arabanın yalnızca lastikleri suya gömülmüştü ama düşmenin etkisiyle bazı yerleri zarar görmüştü.

Arabanın sahibi inatçı ve ters biriydi. "Davacıyım" demiş başka bir şey dememişti. Sonradan görme zenginlerdendi. Kaba, çokbilmiş biriydi. O bu düşünceler içinde yaşamında ilk kez oturduğu bu sanık sandalyesinde öyle utanıyordu, üzülüyordu ki kalbinin sıkıştığını duyuyordu.

Yargıç tokmağını üç kez art arda vurup celseyi açınca sanık sandalyesinde oturan adam irkildi, sarsıldı. Çevresine boş boş baktı. Sanki nerede olduğunu bilmiyor da onu anımsamaya çalışıyordu. Yargıç genç biriydi. Otuz beş yaşında gösteriyordu. Sevimli bir yüzü ve sevecen bakışları vardı. Daha önce bakmaya korktuğu bu gözlerdeki o dost bakışları gören adam biraz rahatlamıştı. O bakışlar bir sanığa bakar gibi değil de bir babaya, özlem duyulan birine bakıyorlardı sanki. Adam gözünü kaydırıp savcıya baktı; o da yargıçla aynı yaşlardaydı. Gözlerinin içi gülüyordu. Oysa yargıç dediğin sert ve keskin bakışlı olurdu. Ciddi olur ve bu ciddiyet onu asık suratlı, sevimsiz biri gibi gösterirdi. Ama bu savcının yüzünde anlam veremediği bir gülümseme vardı.

Hele mavi yaka bantlı siyah cüppesinin içinde bir peri kızı gibi duran avukat hanım sanki gelip ellerine yapışacak onu yanaklarından öpecek gibi bakıyordu. "Mahkemelere işim düşmediğinden bana tanıdıkmış gibi görünen bu yüzlerin sahiplerinin hiç birini tanımıyorum" diye içinden geçirdi adam. Savcının kasabaya yeni geldiğini duymuştu. Belki onun kasabadaki ilk mahkemesiydi bu. Yargıcın:

"Sanık ayağa kalk" demesiyle bir öğrenci gibi ayağa kalktı, hazır ola geçti. Yargıcın; "Adınız nedir?" sorusuna da yine bir

öğrenci uysallığı ile yanıt verdi. Yargıç işini sorunca da; "Emekli öğretmenim efendim." dedi. Yargıç yeniden sordu:

"Öğretmen Bey! Burada niçin bulunduğunuzu biliyor musunuz? Suçunuz nedir?" Adam:

"Biliyorum Efendim, ben aslında kurallara çok saygılıyım. Kırk yıldır araba kullanırım ve bir kez bile kaza yapmadım. O gün uykusuzdum, bir de dişimi çektirmek için vurulan morfinin etkisi de buna eklenince reflekslerim zayıflamış olacak ki o kazayı yaptım. Üzgünüm, suç benim, o haldeyken arabaya binmemeliydim." diye yanıtladı yargıcın sorusunu. Bu kez savcı söze girip:

"Öğretmen Bey! Biz onu sormuyoruz size. Daha önce işlediğiniz bir suçunuz var sizin, bize ondan söz edin biraz" deyince adam sarsıldı. Önündeki korkuluklara tutunmasa yere yığılacaktı. Ne suç işlemişti ki? Kısacık bir zaman içinde bütün geçmişini taradı, bir suç bulamadı. Tam; "Benim hiçbir suçum yok" diyecekti ki aklına geldi. "Acaba mı?" diye düşündü bir an. Bunca yıldan sonra kim akıl etmişti, kim bulup çıkarmıştı bu suçu şimdi meydana.

Öğretmenliğinin ilk yılıydı. Yeni atandığı bir dağ köyünde birleştirilmiş sınıf okutuyordu. O zamanlar öğrencisi az olan köylerde sınıflar birleştirilirdi. Bu köy de küçüktü, öğrencisi de azdı. Köy bir dağın yamacına dağılmış, birbirinden uzak evlerden oluşuyordu. Hele evlerden biri neredeyse okula bir kilometre uzaklıktaydı. Bu evden iki kardeş geliyordu okula. İkisinin de giysileri yırtık, elleri yüzleri kirliydi. Defterleri kitapları yoktu. Öğretmen onlara defter, kitap ve kalemler vermişti. Bir Cuma günü öğretmen bu çocukları yanına çağırıp:

"Bakın çocuklar, kış geliyor, havalar soğumaya başladı. Böyle yalınayak, yarı çıplak gelirseniz üşür, hasta olursunuz. Annenize söyleyin size kışlık giysiler alsın" demişti. Pazartesi günü okulun en şık, en temiz öğrencileri olmuştu bu iki kardeş. Ancak iki hafta sonra bir Pazartesi günü ikisi de okula gelmediler. Köylüler; "Dün onların nineleri öldü. Siz kasabadaydınız, onun için haberiniz yoktur." dediler. Ertesi gün iki kardeş okula geldiklerinde küçük kız öğretmenin karşısına dikilip:

"Ninemi sen öldürdün! Senin yüzünden öldü ninem." diye bağırıp ağlayarak abisinin kucağına atılmıştı. Öğretmen iki gözü iki çeşme ağlayan kardeşlerin yanına gitmiş, onları sevip saçlarını okşamış ve teselli etmeye çalışmıştı. Okul çıkışı çocuklarla birlikte onların evlerine gitmiş, babalarına durumu sormuştu. Çocukların babası, öğretmene böyle davrandıkları için onlara kızmış, öğretmenden özür diletmişti. "Sen onların kusurlarına bakma Öğretmen Bey, çocukturlar, cahillik etmişler, ninelerini çok severlerdi, soğuk kış gecelerinde ninelerinin koynunda yatarlardı." demişti. Öğretmen kendisine ikram edilen sıcak sütü içerken çocukların babası ona her şeyi anlatmıştı:

-Annem çok yaşlıydı, altı aydan fazladır da ağır hastaydı. Biz de yoksuluz, ben çalışıp biraz para biriktirdiydim. Anamı kasabaya doktora götürecektim. Ama razı olmadı rahmetli. "Öğretmen haklı oğul, önümüz kış. O parayla çocuklara üst baş al." dediydi. Ben de gittim çocuklara giysiler aldım, sabun aldım. Çocuklar çok sevindiler, anam da mutlu oldu onları temiz pak görünce. Ama iki hafta sonra geçen Pazar günü anamı kaybettik.

Öğretmen baş sağlığı dileyip oradan ayrılmış, ondan sonraki günlerde bu iki kardeşle biraz daha yakından ilgilenmişti. İkisi de zeki çocuklardı. Öğretmen onları okutup mezun etmiş, sınavlara sokmuş, yatılı okullara gitmelerini sağlamıştı.

Öğretmen daha sonraları yurdun pek çok yöresini gezmiş, her gittiği yerde pek çok öğrenci yetiştirmişti. En sonunda da Trakya'daki baba ocağına dönmüştü. Son günlerini burada eski dostlarıyla geçirecekti. Tam emekli olmuştu yani. Gazete kitap okumakla, biraz da kırlarda gezip yürümekle geçiriyordu günlerini. Şimdi de yaşamında ilk kez yargılanıyordu. Hem de işlemediği bir suçtan dolayı.

"Savcı Bey..." dedi. "Öğretmenliğimin ilk yıllarıydı..." Savcı öğretmenin sözünü keserek; "Öğretmenim, sizi daha fazla üzmeyeyim. Sizin suçunuz nedir, biliyor musunuz? Suçunuz sevdiklerinizi ihmal etmek, kendinizi çok sevdirip sonra da onlardan uzaklaşmak, onları bir daha hiç aramamaktır."

Öğretmen bir kez daha şaşırıp kaldı. Kekeleyerek;

-Ama Savcı Bey! Anlayamadım... Siz ne diyorsunuz?

Savcı:

-Nasıl anlamazsınız öğretmenim? Bakın şuradaki yargıca; o sizin ilk öğretmenlik yaptığınız köyden öğrenciniz. Ya şu avukat hanım. O benim kız kardeşim. Yani size

"Ninemi sen öldürdün!" diyen küçük kız, şu kapıdaki mübaşiri demi tanımadınız öğretmenim? O bizim sınıf başkanımızdı. Hani siz sınıfa girerken; "Dikkat öğretmen geliyor" diye bağırırdı da siz ona; "Senden olsa olsa mübaşir olur." derdiniz. Şöyle bir bakının çevrenize öğretmenim. Hepsi sizin öğrencileriniz. Aliler, Mehmetler, Ayşeler, Fatmalar... daha niceleri.

Öğretmen bu kadar heyecana dayanamayıp sandalyeye oturdu, hayır yığıldı, kaldı. Bakışlarında sürekli değişen anlamlar sanki birbirleriyle dans ediyormuş gibiydi. Bazen tanıdık birine bakar gibi sevecen, bazen tanımadığı birini görmüş gibi yabancıydı bakışları. Bazen de hiç beklemediği, ummadığı bir şeyle karşılaşmış gibi şaşkınlık içinde bakıyordu çevresine. Salondaki herkes onun yanına koştu, boynuna sarıldı, ellerini bir babanın elini öper gibi sevgiyle yoğrulmuş bir saygıyla öptüler.

Savcı; "Öğretmenim bizleri buralara siz getirdiniz, hepimizin üzerinde öyle büyük emekleriniz var ki asıl suçlu biziz; sizi arayıp sormadığımız için." diyerek konuşmasını sürdürdü. Sonra hep bir ağızdan; "Bizleri bağışlayın öğretmenim, sizi çok seviyoruz."

diye bağırdılar. Öğretmenin gözlerinden yaşlar boşandı, ne diyeceğini bilemeden tüm öğrencileriyle tek tek kucaklaştı. Onların şimdiki yüzleriyle anılarındaki silik yüzleri karşılaştırıp her birinin kim olduğunu onları hangi okuldan tanıdığını çıkarmaya çalıştı. Hıçkırıklar, gülüşmeler birbirine karıştı. Titrek seslerde sevinç ve heyecan izleri vardı. Bütün salon ayaktaydı. Öğretmenin çevresi öğrencilerin getirdiği çiçeklerle çiçek bahçesine dönmüştü.

Ortalık yatışınca savcı durumu açıkladı. Öğretmenin kaza dosyası savcının önüne gelince onun kendi öğretmeni olduğunu anlamış ve onu böyle de olsa bulduğuna çok sevinmiş. Ama bunu hemen belli etmek istememiş. Arabasına çarpılan adamı çağırmış. Ona tüm masraflarını karşılayacağını gerekirse arabasını yenileyebileceğini söylemiş ve adamı davasından vazgeçirmiş. Sonra da tüm arkadaşlarına haber salarak öğretmenin çalıştığı bütün okullardan öğrencilerine ulaşılmasını ve dava günü hepsinin salonda hazır bulunmalarını sağlamış.

## KAÇAK OĞLAK

-Oğlak Kardeş! Bakıyorum çok neşelisin. Nereye gidiyorsun böyle?

-Ormana doğru gidiyorum. Artık özgürüm. Onun için böyle neşeliyim, Balta Kardeş.

-Özgür müsün? Şimdiye kadar tutsak mıydın ki?

-Onun gibi bir şeydi. Başımızda her şeyimize karışan bir çoban vardı hep. Gündüzleri önümüzde ardımızda gezinir, geceleri bizi bir ağıla kapatırdı. Biraz sürüden ayrılacak olsak arkamızdan "Çaput" denilen o çoban köpeğini salardı. Çaput dediğim benim üç katım irilikte bir hayvan. Çoban ne derse yapar, bize göz açtırmazdı. Ama şimdi karışanım yok, görüşenim yok.

Akça oğlak öyle seviniyordu ki ağıldan kaçtığına sanki dünyaya yeniden gelmiş gibiydi. Kendisini böyle dinleyen birini de bulunca çobanın onları ne kadar sıktığını, Çaput'un onu kaç kez kovaladığını anlattı. Sonra baltaya sordu:

-Balta Kardeş! Sen ne yana gidiyorsun? Yoksa sen demi evden kaçtın?

-Öyle sayılır. Yüzümü yeni biledim bu sabah. Ormana gidip bir iki dal keseceğim. Bakalım yeterince keskin olmuş mu?

-Ne güzel olur. Taze dallardan kesersin. Ben taze filizleri, yaprakları çok severim. Bak şimdi dal, yaprak deyince karnımın acıktığını fark ettim. Ağılda olsaydım sabah yemimizi çoktan vermişti çoban.

-Özlediysen dön ağılına. Ben yalnız da giderim ormana.

Akça oğlak'ın dönmeye hiç niyeti yoktu. Balta ile birlikte ormana doğru yola koyuldular yeniden. Yol boyunca birbirlerine sorular sordular. Geçmiş yaşamlarını anlattılar. Balta evden kaçış nedenini Akça oğlak'a şöyle açıkladı:

-Benim sahibim oduncudur. O benimle çok ağaç kesti. Genelde yaşlı ve kuru ağaçları keserdi. Ancak isteyen olursa genç ve yaş ağaçları da kesmekten çekinmezdi. "Ne yapalım; bizim geçimimiz de bu yüzden." derdi. Aslında iyi adamdı sahibim. "Sen benim elim ayağımsın." der, beni severdi. Ama ben de senin gibi hep birine bağlı yaşamaktan sıkıldım, kaçtım.

İki arkadaş konuşmaya daldıklarından ormana nasıl geldiklerini anlamamışlardı. Akça oğlak ormanın havasını derin derin koklayıp;

-Ne güzel taze filiz kokuyor. Bayılıyorum şunlara. Bak şu taraftan da karaağaç filizlerinin kokusu geliyor. Gel o yana gidelim, dedi.

Kırk elli adım sonra kocaman bir karaağacın yanına vardılar. Bu gerçekten çok büyük bir ağaçtı. Bahar yağmurlarını yiyince pek çok yeni dal sürmüş. Dallarının üzerinde taze yeşil yapraklarla yüklü filizleri vardı. Filizlerin kokusu Akça Oğlak'ın başını döndürüyordu. Balta Akça Oğlak'a sordu:

-Hangi dalı keseyim? Söyle.

-Bak şu aşağı sarkan dal var ya onu kes;

onun üzeri tazecik yapraklarla yüklü. Haydi, çabuk ol. Ağzımın suyu akıyor baktıkça.

Balta iki baş hareketiyle dalı yere devirdi. Akça Oğlak dalın başına çöktü ve taze filizleri yemeye başladı. O karnını doyururken balta birkaç dal daha kesti. "Çok iyi bilemişim yüzümü. Bana dal mı dayanır!" dedi. Sonra biraz daha kalın dallarda denedi kendisini. Hızını alamadı; ağaçlara saldırdı. İki üç vuruşta kesemediği on beş yaşındaki bir çam ağacını altı vuruşta seriverdi yere.

Daha sonra onun yanındaki kuru çam ağacını kesmeye girişti. Ama kuru ağaç kolay kesilmiyordu. Balta onu devirene kadar çok uğraştı. Sonunda onu da yere yatırmayı başardı. Çok yorulmuştu. Fakat başarısını kutlamak için zıp zıp zıplıyordu. "Bana ağaç mı dayanır? İster kuru olsun ister yaş. Gözünün yaşına bakmam, sererim yere." diye böbürlendi kabara kabara. Akça Oğlaktan övgü beklerken azar işitince şaşırdı.

-Az daha üzerime düşecekti kestiğin ağaç. Biraz dikkatli olsana.

-Korkma canım, bir şey olmadı ya. .

Balta Akça Oğlak'ın yanına gelip çimlere uzandı:

-Çok yorulmuşum, biraz dinleneyim de

gene keserim. Sen karnını doyurdun mu? İstersen bir iki dal daha keseyim.

-Hayır istemem. Ben karnımı doyurdum. Karaağaç filizleri çok tazeymiş. Sağ ol. Şimdi uzanıp geviş getirerek onları bir güzel sindirmek istiyorum.

-Sen bilirsin. Ben de uyurum biraz. Giderken beni uyandır, emi?

Bir süre sonra ikisi de uykuya dalıp gittiler. Mutluydular. Çünkü özgürdüler. Dilediklerini yapabiliyorlardı. Yumuşacık çimler ve ormanın bol oksijenli havası ikisine de iyi gelmişti. Ancak yarım saat sonra bu mis kokulu orman havasının yerini yanık kokusu aldı. Akça Oğlak burnuna gelen keskin duman kokusuyla uyandı. Sonra yanan yaprak çıtırtılarını duyunca hemen ayağa kalktı. Baltanın az önce kestiği kuru çam yanıyordu. Baltayı uyandırmak için ayağıyla dürttü.

-Kalk Balta Kardeş! Yangın çıktı. Kalk yoksa yanacağız.

Balta çok yorulmuş olduğundan derin bir uykuya dalmıştı. Uyanması zor oldu. Yarı uykulu gözleriyle alevleri görünce ayağa fırladı.

-Kim yaktı, bu ağacı? diye bağırdı. Sonra ikisi de duydukları sesle irkildiler, çok şaşırdılar.

-Ben yaktım, ben yaktım. Kuru ağaç gördüm mü hiç dayanamam.

Balta ile Akça Oğlak atlaya zıplaya kendilerine doğru gelen bu şeyi önce tanıyamadılar. Sonra da ikisi birden;

-Aaa! Bu kibrit! Sen mi yaktın bu ateşi?

-Evet ben yaktım.

-Şuna bak. İyi bir şey yapmış gibi bir de utanmadan; "Ben yaktım." diyor.

- Ne güzel uyuyup dinlenecektik; rahatımızı bozdun. Niye geldin ki buraya?

-Evden kaçtım. Öksürüklü yaşlı bir adamın oyuncağı olmaktan bıkmıştım. Elleri titrerdi. İkide bir beni yere düşürürdü. Almaya çalışırken de üzerime basardı çoğunlukla, canım yanardı. Hastaydı ama söylenenlere kulak asmaz sigara içerdi. Dün sabah onu yatağında ölü buldular. Ben de karışıklıktan yararlanıp kaçtım. Sizi korkuttuysam özür dilerim. Şaka yapmak istedim.

-İyi ama böyle şaka olur mu? Uyanmasaydım yanacaktık. Ne yapacağız şimdi? Bak, ağaç cayır cayır yanıyor.

-Beni suçlayanlara bakın; biri körpecik dalları kesmiş, acımadan; diğeri tazecik filizleri yemiş. Şimdi kalkmışlar bir kuru ağacı yaktım diye beni suçluyorlar. Sanki siz daha mı az zarar veriyorsunuz ormanlara?

-Senin gibi yakıp kül etmiyoruz her yanı.

-Canım o işe yaramaz kuru bir ağaçtı. Bunda büyütülecek ne var şimdi? Anlayamıyorum sizi.

-Ne kadar rahatsın. Ya sönmezse. Diğer ağaçlara sıçrarsa. Kısılıp kalırız burada. Sonra da hepimiz yanarız.

-Üzülme sen Oğlak Kardeş. Şimdi ben söndürürüm yangını.

-Kim konuşuyor böyle. Kimsin sen, neredesin?

-Başını kaldırıp bakarsan beni görebilirsin. Tam tependeyim. Ben Beyaz Bulut'um. Buradan geçiyordum. Önce göğe yükselen dumanları, sonra da ateşi gördüm. Ardından seslerinizi duydum. Korkmayın, şimdi söndüreceğim yangını.

Akça oğlak başını kaldırıp baktı, Beyaz Bulut'u gördü. Gözlerinin içi parladı sevinçle. Beyaz Bulut damlalarını bırakmaya başladı. Akça oğlak burnunun ucuna düşen damlayı görünce daha bir sevindi. Biraz sonra ince bir yağmur başladı. Alev alev yanan çam ağacından önce "Cozz!" diye bir ses duyuldu.

Alevler azaldı. Ortalığı bembeyaz bir buhar ve duman karışımı kapladı. O güzelim yaprak, filiz kokusunun yerini şimdi duman ve yanık ağaç kokuları aldı. Oğlak ile balta sevinçle birbirlerine sarıldılar. Yangın sönünce fark ettiler ki kibrit yanlarında yoktu. Herhalde utanıp kaçmıştır diye düşündüler. Ancak uzaktan onun sesini duyunca yanıldıklarını anladılar. Onda öyle utanacak göz yoktu. Kaçmamıştı, ıslanmaktan korkup ilerideki koca kestane ağacının altına saklanmıştı. Sevinçle haykırdı:

-Buradayım, kaçmadım. Ama ben suyu, yağmuru hiç sevmem. Çünkü ben kuru kalırsam yanarım. Islanırsam bir işe yaramam.

-Keşke ıslansaydın da böyle kötü şakalar yapmasaydın.

-Sen de çok uzattın ama Oğlak Kardeş.

-Yangın söndü mü çocuklar? Biraz daha yağmur yağdırayım mı?

-Yeter Bulut Kardeş. Yangın söndü. Kibrit istese de artık burada yangın çıkaramaz. Her yer su gibi oldu.

Akça oğlak silkelenerek tüylerinin arasındaki yağmur damlalarını boşalttı. Balta da ıslanmıştı. Onun tek korkusu yüzünün ıslanıp paslanması. "Yüzüm ıslanırsa paslanır.

Paslı yüz keskinliğini yitirir, bir işe yaramaz." diyerek belirtti bu korkusunu.

Çünkü bu, bir balta için ölüm kadar korkunç bir şeydir. Kibrite baktılar. O hala kestane ağacının altındaydı. Onlara; "Ben oraya gelemem. Islanmaktan korkarım." dedi.

Sonra hep birlikte ormanın içinde yürüyüp kuru bir yer aradılar. Sonunda kibritin gönlü oldu. "Bakın şurada yaşlı bir palamut ağacı var. Gövdesine bakılırsa yüz yaşını geçkin görünüyor. Onun altında konaklayabiliriz."

-İyi ama onun ne bir taze filizi var ne de bir pelidi. Ben acıkırsam ne yiyeceğim?

-Düşündüğün şeye bak Oğlak Kardeş. Sen acıkınca bana söyle. Sana istediğin kadar taze dal keseyim şu ilerideki gürgenden. Haydi, şimdi mızmızlanma da gel yanımıza.

Akça Oğlak burayı pek sevmemişti ama guruptan ayrılmak da istemiyordu. Gönülsüz de olsa yaşlı palamudun altına onlarla birlikte oturdu. Fakat bir yandan da yakınmalarını sürdürdü:

-Gölgesi bile yok bu ağacın. Neden buraya geldik ki?

-Sen üzülme Oğlak Kardeş, ben sana gölge yaparım... böyle iyi mi?

İşte o zaman bulutun da kendilerini uzaktan uzağa izlediğini fark ettiler. Oğlak bulutu gördüğüne çok sevindi ancak balta ile kibrit bulutun tepelerinde durmasından hoşnut olmadılar. Bulut da bunu bildiğinden şaka olsun diye kibritin üstüne birkaç damla bırakıverdi. Kibrit hemen yerinden fırlayıp:

-Ben böyle sulu şakaları sevmem. Senin işin yok mu? Git buradan, rahat bırak bizi.

Sonra aralarında tartışma başladı. Oğlak bulutun kalmasını, balta ile kibrit gitmesini istiyorlardı. Onlar öyle tartışırlarken bir ses duydular.

-Bu ne gürültü böyle? Sesiniz ormanın ta öbür başından duyuluyor.

-Önemli bir şey yok Rüzgar Kardeş. Benim burada kalıp kalmamamı tartışıyorlar. Oğlak; "Kal." diyor, kibritle balta; "Git" diyorlar.

-Bence de gitmelisin. Burada kalıp bu haylazları mı eğlendireceksin? Çiftçiler dört gözle senin yolunu bekliyorlar. Haydi, git de onları sevindir.

-Doğru söylüyorsun Rüzgâr Kardeş. Ne zamandır tarlalara uğramadım. Gideyim de bir işe yarayayım. Hoşça kalın.

-İstersen sana yardım edeyim biraz.

-İyi olur. Teşekkür ederim.

Rüzgâr derin derin soluk alıp buluta doğru üfleyiverdi. Bulut uçar gibi uzaklaştı oradan. Akça Oğlak çok üzüldü buna. Ama kibritle balta çok sevindiler. Balta sevincinden fırlayıp yaşlı palamudun kuru dallarını kesmeye başladı. "Yaşasın yüzüm paslanmamış, hala çok keskin." diye bağırıyordu. Kibrit de onun sevincine; "Şu dalı kes. Bunu da kes." diyerek katılıyordu. Balta hızını alamadı ve koca palamudun kuru gövdesine küt küt diye vurmaya başladı. Oğlak şaşkın şaşkın onları izliyor;

"Deli misiniz, ne istiyorsunuz zavallı ağaçtan?" diye kızıyordu onlara. Rüzgâr da hafif hafif eserek onların çevresinde dolanıyor, yaptıklarına gülüyordu. Kibrit kuru palamut dallarını topluyordu. Oğlak onun bu yaptığını görünce; "Bu deli kibrit yine ateş yakacak. En iyisi ben buradan kaçayım." diye aklından geçiriyordu ki geç kaldığını kibritin; "Tutuştu! Yaşasın tutuştu!" sözlerini duyunca anladı. Kuru dallar çatırdayarak yanıyor, alevler çevreye yayılıyordu. Akça Oğlak ateşin çevresinde eserek dolanıp duran rüzgâra; "Rüzgâr Kardeş sen demi onlarla birlik oluyorsun? Bak sen öyle dolandıkça alevler büyüyor, her yana yayılıyor." dedi üzüntü ve korku dolu bir sesle. "Ne olacak canım eğleniriz biraz." diye onu yanıtladı rüzgâr. Akça Oğlak bunları duyunca tüm umudunu yitirdi ve korkudan ağlamaya başladı. Alevler yerdeki kuru otları tutuşturuyor, kuru otlar ateşi bir akarsu gibi çevredeki kuru ağaçlara taşıyordu. Balta ile kibrit sevinç içinde oyunlar oynuyor, şarkılar söylüyorlardı ve hala tehlikenin farkında değillerdi. Akça Oğlak;

"Keşke bulut burada olsaydı. Bu yangını ancak o söndürebilir." diye düşünüyor ve kaçabileceği bir yol arıyordu. Ancak yangın öyle hızla büyümüştü ki çevresinin alevlerle sarılmış olduğunu anlamakta gecikmedi.

-Bütün bunlar sizin yüzünüzden oldu. Yangın her yeri sardı. Az sonra hepimiz yanıp kül olacağız. Siz hala eğleniyorsunuz, dedi arkadaşlarına. Sonra rüzgâra dönüp;

-Nasıl, sen de eğleniyor musun? diye sordu ağlayarak.

Yapılacak hiçbir şey yoktu artık. Son bir umutla alevlerin üzerinden sıçradı. Yangını aşıp kurtulmak istiyordu. Fakat çevreyi saran koyu dumandan onun nereye düştüğünü kimse göremedi. Yalnız; "İmdaaat! Kurtarın beni, yanıyorum." diye bağıran sesi duyuldu biraz sonra.

Balta ile kibrit ayakları tutuşunca farkına vardılar, içinde bulundukları tehlikenin. İşte o zaman anladılar yangınla oyun oynanmayacağını. Ancak her şey için çok geç kalmışlardı. Rüzgâr da onların durumunu görünce üzülmüş yangını söndürmek için birkaç kez kuvvetli kuvvetli üflemişti. Ama o üfledikçe yangın daha çok büyüyordu. Sonunda rüzgâr yavaş yavaş yukarı yükseldi. Sonra aşağı baktı. Her yanı saran koyu dumandan hiçbir şey görünmüyordu. Yalnızca aşağıdan bazı sesler geliyordu. Rüzgâr dumanları üfleyip uzaklaştırınca yangını söndürmeye çalışan köylüleri gördü. Her biri canla başla çalışıyorlardı.

Son anda ileride bir ağacın altında korkulu gözlerle köylüleri izleyen Akça Oğlağı fark etti. Onun yanından geçerken kulağına yavaşça; "Yuvana dön küçük kaçak." dedi.

## MENDİL

-Evriiim, buraya gelir misin, oğlum?

-Efendim, babacığım! Hemen geliyorum.

Bu sözleri söyledikten sonra genç adam gözlerini ileride bir noktada sabitleştirip düşüncelere daldı. Anılarda yaşıyor gibiydi. Yüzünde mutlu bir anlatım vardı. Öylesine dalmıştı ki çocuğun yanına geldiğini fark etmedi bile. Çocuk babasının önünde dikilip:

"Geldim babacığım" deyince anılardan sıyrılarak oğluna bütün sevecenliği ile sarılıp onu yanına oturttu. Bir süre baba oğul bakıştılar. Çocuk babasının ona çok önemli bir şeyler söyleyeceğini sezinliyordu; ancak ne olduğunu henüz anlayamamıştı.

"Bak oğlum" dedi genç adam. Sonra konuşmasını sürdürdü:

-Bugün öğleden sonra seninle yaşlı bir hanımın bayramını kutlamaya gideceğiz. Sen onu tanımazsın, çünkü hiç görmedin.

"Peki, kim bu hanım?" diye sordu, Evrim. Babasının bu hanıma çok önem verdiği bakışlarından anlaşılıyordu. Bunu sezinleyen çocuk babasının yüzüne dikkatle bakarak onu dinlemeye hazır olduğunu gözleriyle anlatmaya çalıştı.

-Bu hanım benim çok sevip saydığım biridir, oğlum. Dinle de sana her şeyi bir güzel anlatayım.

Genç adam yutkunup derin bir soluk aldıktan sonra anlatmaya başladı:

-Onu görünce sen de çok seveceksin, eminim. Eskiden bu hanımın yakınında oturuyorduk. Hatice Teyze yani sana sözünü ettiğim bu yaşlı hanım en yakın komşumuzdu. Bir bayram günü yalnız olarak ona ilk kez el öpmeye gittiğimde tam senin yaşındaydım. İlkokula yeni başlamıştım o yıl. Hatice Teyze o gün bana bir mendil ile bir kaç şeker vermişti. Ellerime kolonya dökmüş ve yanaklarımdan öpmüştü.

Genç adam bunları söyledikten sonra oğlunun yanaklarından usulca öptü. Dudakları titriyordu sanki. Çocuk yüzünde gülücüklerle babasına baktı. Onun anlatmasını istiyordu:

-Hatice Teyze beni uğurlarken ne kadar büyümüş olduğumu ve çok akıllı birine benzediğimi söylemişti. Öyle sevecen, öyle tatlı konuşuyordu ki onun bu güzel sözleri uzun süre kulaklarımda yankılandı durdu. Daha sonra her bayram mahallenin tüm çocukları gibi benim de ilk uğrak yerim oldu Hatice Teyzenin evi. O her zaman bütün çocukları kapıda güler yüzüyle karşılar, her birine birer mendil ve bir kaç şeker verirdi. Tek tek hepimizin halini hatırını sorduktan sonra yine kapıdan güler yüzle uğurlardı. Annelerimize selam yollamayı da hiç unutmazdı.

Hatice Teyze genç yaşta dul kalmıştı. Kocasından kalan aylıkla geçiniyordu. Ayrıca mahallelinin getirdiği kumaşlardan onlara giysiler dikerdi. Biz bile ona pek çok giysi diktirmiştik. Birkaç yıl sonra bir bayram öncesi annem Hatice Teyzeyi dolaşmaya gitmişti. Ben evde ders çalışıyordum. Babam eve geldiğinde annemin nerede olduğunu sordu. Sonra da çok önemli bir konuyu görüşeceğini söyleyerek beni onu çağırmak için Hatice Teyzeye yolladı.

Hatice Teyze beni kapıda karşılayıp içeri buyur etti. Annem benim geldiğimi duymuş, kapıya gelmişti. Kendisini babamın çağırdığını söyleyince hemen hazırlanıp Hatice Teyzeye yine gelip dolaşacağını söyleyerek yola koyuldu. Bana da; "Haydi sen de gel " dedi ama Hatice Teyze beni bırakmadı. Ben içeri girerken o benden önce koşarak telaşla dikiş makinesinin üzerini örtüp ortalığı çabucak topladı. Sonra da mutfaktan bir bardak soğuk ayran getirip bana verdi, yanıma oturdu.

Uzun uzun konuştuk. Onun yanında hiç sıkılmıyordum. Ona sorunlarımı bile açıp akıl danışıyordum. O gün her şeye karşın içimde bir sıkıntı vardı. Hatice Teyze neden makinenin üzerini telaşla örtmüştü? Eve gelince anneme bunu sordum. Annem önce duymazlıktan geldi. Sonra da uydurma bir yanıtla beni geçiştirmek istedi ama ben daha fazla diretince oturup her şeyi anlattı.

Hatice Teyze uzun bir süredir dul aylığını alamıyormuş. Elindekilerle de ancak geçinebiliyormuş. Bayram için kendisine hiç bir şey alamamış. Anneme "Kendim için bir şey alamadığıma değil de çocuklara mendiller veremeyeceğime üzülüyorum" demiş. Annem onun çok gururlu olduğunu kimseden karşılıksız hiçbir şey almadığını söyledi. İçim burkulmuştu. Annem benim üzüldüğümü görünce; "Hatice Teyzeniz bu bayramda da sizlere mendiller verecek, merak etme " dedi. Sonra da bunun nasıl olacağını gözleri dolarak anlattı.

Hatice Teyze düşünüp taşınmış ve sonunda sandığında yıllardır sakladığı ipek gelinliğini çıkarmış, onu kesip biçerek mendiller yapmaya başlamış. İşte bu durumu ben görmeyeyim diye makinenin üzerini öyle telaşla örtmüş.

Bunları dinlerken benim de boğazıma bir şeyler düğümlendi annemin omzuna yaslanıp ağladığımı anımsıyorum ve bugün bile o şey boğazıma düğümlenip beni ağlamaya zorluyor.

O gün Hatice Teyzeye gittiğinde aynı şeyleri annem de yaşamış. Hatice Teyze de ona; "Sen yabancı değilsin, senden saklayamam" deyip her şeyi anlatmış. Anneciğim ağlamamak için kendini zor tutmuş, bütün bu kötü günlerin geçeceğini, üzülmemesi gerektiğini söyleyip onu avutmaya çalışmış. Ben; “Peki ona niçin yardım etmiyorsunuz?” dediğim de; “Kabul etmez ki. Ben de onu kırkmak istemiyorum.” dedi. Annem bu konulara çok özen gösterir. O gün onunla aramızda şöyle bir konuşma geçtiğini anımsıyorum:

"Anneciğim, bizim durumumuz iyi, değil mi?"

"Çok şükür, bir sıkıntımız yok. Babanın geliri oldukça iyi." Hemen atıldım:

"Öyleyse ona borç verelim... Ya da bak aklıma ne geldi. Sen ona bu bayram için elbise diktir, parasını da peşin ver. Olmaz mı?" Annem:

"Onu ben de düşündüm. Ama Hatice Teyze bunu hemen anlar. Onu gücendirmek istemem. Aklıma da başka bir şey gelmiyor."

O günden sonra ona nasıl yardım edebileceğimi düşündüm, durdum hep. Çocuk aklımla bir çözüm bulamadım. Bayram sabahı bir burukluk vardı içimde. Huzursuzdum. Annem de bunu sezinlemişti. Bana sıkıntımın nedenini sorduğunda artık bayramlarda Hatice Teyzeye el öpmeye gitmek istemediğimi söyledim. Annem geçen bayramda kızamık çıkarmakta olduğum halde Hatice Teyzeye gideceğim diye tutturduğumu söyleyip:

"Seni anlayamıyorum. Bu bayram gitmemen için hiçbir neden yok. Niçin böyle yapıyorsun?" deyince ben de ona Hatice Teyzenin bizlere mendil verebilmek için nelere katlandığını, ona bu kadar sıkıntı vermeye hakkımız olmadığını anlatmaya çalıştım. Annem:

"Peki, benim güzel oğlum. Anımsıyor musun, geçen bayram sen gidemedin diye Hatice Teyze evimize kadar gelip sana elini öptürmüştü ve bir mendille şeker vermişti. Anımsadın değil mi? Bugün yine senin gitmediğini görünce kalkıp buraya gelirse kendisine ne diyeceksin? Hasta değilsin, kırığın çıkığın yok. Aslan gibisin Maşallah."

Hatice Teyze her zaman şöyle diyormuş: "Ben çocukları öyle seviyorum ki. Onlardan birini bir gün görmesem acaba başına bir şey mi geldi diye meraklanır, üzülürüm. Onlar benim küçük dostlarım. Benim hiç çocuğum olmadı. Ama bugün herkesten çok çocuğum var. Ben onları seviyorum onlar da beni seviyorlar."

Annem; "Şimdi söyle bana onu üzmek mi istiyorsun yoksa sevindirmek mi?" diye sordu.

Herkesten önce koştum Hatice Teyzeye. Elini öptüm, mendilimi, şekerlerimi aldım. Yine sırtımı sıvazlayıp, çok yakışıklı bir delikanlı olacağımı söyledi. Ayrılırken de anneme, babama selamlarını yolladı. Eve dönerken aklıma takıldı. Acaba biz Hatice Teyzeyi mi yoksa onun verdiği şekerleri mi daha çok seviyorduk. Ama hiç kuşkusuz Hatice Teyzeyi daha çok sevdiğimize karar verdim. Çünkü istediğimizde ailelerimiz bize çok daha değerli armağanlar alıyordu. Biz onun bize verdiklerini değil tatlı dilini, bize yaklaşımını seviyorduk. Çünkü o bizi adam yerine koyuyordu. Bizimle konuşuyor, düşüncelerimizi – saçma bile olsalar- dinliyor, kendince de öneriler, çözümler getiriyordu bize.

Hem yalnız bayramlarda değil ki başka zamanlarda da ona uğrardık. Bakkaldan alınacaklarını alırdık. Diktiği giysileri sahiplerine götürürdük. Bir bakışları vardı ki anlatamam. Yanımıza yaklaştığında hangimizi çağıracak diye bekler, adımızı duyunca koşardık yanına. Bu, onunla biz çocuklar arasındaki anlatılamaz bir sevgi bağından kaynaklanıyordu. Bu düşüncelerle, içimde bir rahatlık ve huzurla eve döndüm.

Genç adam:

"İşte böyle oğlum" diyerek sözlerini sürdürdü:

-O gün bugündür Hatice Teyzenin verdiği, ipek gelinlikten yapılma mendili saklarım. Her bayram onu yanıma alır Hatice Teyzeye giderim. O da bugünkü yaşıma bakmaz yine bana bir mendil ve şeker verir.

-Peki babacığım, şimdi nasıl alıyor o mendilleri, şekerleri? Şimdi daha da yaşlanmıştır. Dikiş de dikemiyordur. Bir dul aylığı yetiyor mu onun geçinmesine?

-Haklısın oğlum. Birkaç yıldır makinesinin kapağını bile açamıyor artık. Hem gözleri iyi görmüyor hem elleri titriyor yaşlılıktan...

Genç adam burada derin bir iç geçirip, oğluna daha bir sıkı sarılarak:

-Sana bundan sonrasını biraz daha büyüyünce anlatacaktım ama konu açılmışken anlatayım artık. Az önce anlattığım o bayramdan sonra çok düşündüm. "Bir insanın yüreği bu kadar sevgiyi nasıl taşıyabilir, bir insan karşılık beklemeden nasıl bu kadar sevebilir çocukları? " dedim. Hem yalnız çocukları değil ki o bütün herkesi böyle seviyor. Bugün bile her an yardıma hazırdır.

Mahallede biri mi hastalandı, Hatice Teyze oradadır. Bir düğün mü olacak, Hatice Teyzesiz kesin olmaz.

Çok da şen kadındır. Bulunduğu yeri neşeye boğar, herkesi gülmekten kırar geçirir. İşte bu güzel insana nasıl yardım edebileceğimi düşündüm hep. Kendi kendime; "Okuyup bir meslek sahibi olunca bunun bir yolunu bulacağım." diyordum. İlk aylığımı aldığımda kurban bayramına bir hafta vardı. Hemen bir mendilciye gittim. Bir düzine mendil aldım. Şekerciden de bir kutu şeker alarak ikisini güzelce paketlettim. Paketin içine bir de not iliştirdim. Şöyle yazmıştım: "*Seni çok seven bir dosttan çocuklara armağan edilmek üzere sevgi ve saygılarımla...*" Sonra da paketi şekercinin çırağıyla benden hiç söz etmemesini söyleyerek Hatice Teyzeye yolladım.

Bayram sabahı erkenden hiçbir şeyden haberim yokmuş gibi gidip elini öptüm. O da hemen eski alışkanlığıyla bana bir mendil ve birkaç şeker verdi. Baktım mendiller benim bir hafta önce ona yolladıklarımdan. Şekerler de öyle. Benim onları incelediğimi görünce yanıma oturup:

"Bu bayram mendiller ve şekerler

benden değil onları adını bile bilmediğim bir dost gönderdi bir hafta önce. 'Çocuklara verilmek üzere' diye yazmış." dedi.

"O zaman bana vermeyin artık ben çocuk değilim." deyince;

"Sen ne çabuk büyüdün de adam oldun bakayım. Sen benim gözümde daha dünkü çocuksun. Bu bayram da alacaksın, bundan sonraki bayramlarda da." dedi.

-İşte böyle sevgili oğlum, o gündan sonra her bayram bir hafta önceden Hatice Teyzenin paketini hazırlayıp gönderdim.

Bayram sabahı da gidip elini öperek mendilimi ve şekerlerimi aldım. Bu dünyalar tatlısı kadının diğer zamanlarda nasıl geçindiğine gelince; mahalle arkadaşlarımla bir gurup oluşturduk. Hatice Teyze'mizin sigorta primlerini ortaklaşa yatırıp onun emekli terzi olmasını sağladık. Bu parayla – yetmese de- geçiniyor. O çok tutumludur.

-Ooo! Bakıyorum da baba oğul öyle dalmışsınız ki ne zamandır buradayım, fark etmediniz beni.

-Sen bizim kusurumuza bakma karıcığım. Oğluma Hatice Teyzeyi anlatıyordum.

-Dinledim, dinledim sizi. Onu ne kadar

çok sevdiğini biliyorum. Ama bu bayram ben de geleceğim sizinle. Hatice Teyzeyle tanışmanın zamanı geldi, sanırım.

-Öyleyse hazırlanın, gidiyoruz…

## ASLAN AVCISI

"Sen dedeni tanımazsın oğlum. Senin deden büyük avcıydı, cesur avcıydı gençliğinde." diyordu yaşlı adam torunun saçını sevgiyle okşarken.

"Birazdan kimin usta avcı olduğu belli olacak." diye karşılık verdi altı yaşındaki oğlan. Ellerini cebine sokmuş dedesinin yanı başında büyük adam gibi yürüyordu. Dede yetmişli yaşların getirdiği türlü olumsuzluklara aldırmadan torunuyla her gün parklara, bahçelere gidiyor, onu mutlu gördükçe yaşama daha sıkı bağlanıyordu.

Çok sevdiği eşini kaybettikten sonra kendisini iyiden iyiye gereksiz biriymiş gibi görmeye başlamıştı. Çoğu kez ölümü düşünmüştü. “Niye yaşıyorum ki bu dünyada? Hiçbir işe yaramadıktan sonra.” diyordu. Üstelik biricik oğlunun üzerine de yük oluyordu. Ama bir gün bu çocuk doğunca yaşamı yeniden anlam kazanmıştı. Ona öyle bağlanmıştı ki onun yüzüne bakarken bir çocuğa bakar gibi değil de kutsal bir şeye bakıyormuş gibiydi bakışları. Onun yanındayken, onunla oynuyorken çocuk gibi oluyordu. Dünyayı, yaşadıklarını, geçmişini, her şeyi unutuyordu.

O gün torunuyla yine plastik toplar fırlatan tüfeklerle hedef vurmaca oyunu oynamaya gidiyorlardı. Haftada bir gelirlerdi buraya ve neşe içinde oyun oynadıktan sonra çocuk parkına giderlerdi. Torunu; “Bir kere de şuradan kayayım, biraz da salıncakta sallanayım, şu tahterevalliye de bineyim...” diyerek parktaki tüm oyuncaklara uğramadan oradan ayrılamazlardı. Oyun yerine gelince torun: “Dedeciğim, önce sen başla istersen. Bak şu karşıdaki ayıcığı vuracaksın, tamam mı? Yine hostes ablayı vurmayasın sakın!” diyerek dedesinin dalına basar. Dedesi de:

"Aman aman! Şu çokbilmişe bakın. Görenler de kırk yıllık avcı sanacaklar bacaksızı." deyip tüfeği kaptığı gibi doğru dürüst nişan almadan ayıcıklara ateş etmeye başlar. Her oyunda böyle tatlı tatlı çekişirler, birbirlerine takılırlar. Oyun bittikten sonra da takılmalar sürer bir sonraki oyun üzerine iddiaya girerler.

"Dedeciğim, sen gerçekten avcılık yaptın mı?" Torununun bu sorusu zaten yenilmeyi hiç sevmeyen ama az önceki oyunda yenildiği için burnundan soluyan dedeyi çileden çıkarmaya yetti.

"Sen şimdi bana yani dedene inanmıyor musun yerden bitme bacaksız? Senin deden avcıların kralıydı." dedi ve sustu. Bakışlarını çok uzaklarda bir noktada sabitleştirip elli yıl geriye döndü:

"Hiç unutmam; soğuk bir kış günüydü. Askerden geleli birkaç ay olmuştu. Asker arkadaşım Taner'le kahvede çaylarımızı yudumluyorduk. Kahvenin kapısı açıldı, içeri köyümüzün en iyi avcısı Alaattin Abi girdi. Sırtındaki çuvalı kahvenin ortasına indirip kahveciden bir çay istedi. Sonra Taner'le bana çuvaldaki ördekleri saymamızı söyledi. Tam altmış beş ördek saydık. Biz ona hayranlıkla belki biraz da kıskançlıkla bakarken o art arda üç bardak kaynar çayı soğuk su içer gibi yuvarlamıştı. Dışarının soğuğu midesine kadar işlemiş olmalıydı. Çayları bitirince bize döndü. Gözlerindeki alaycı, küçümseyici bakışlarla kendimize avcı dedirtmek istersek onunkinden daha büyük bir çuvalı ördekle doldurmamız gerektiğini söyledi. Kahvedekilerin alaylı gülüşleri karşısında en uzak köşedeki bir masaya geçip oturmuştuk. Alaattin Abi örnek aldığımız, kendisi gibi iyi bir avcı olmak istediğimiz bir büyüğümüzdü. Ancak onun bu sözleri bizi çok gücendirmişti. Ne yapıp edip kendimizi kanıtlamamız gerekiyordu.

O gün kar yağışı sertleşerek sürdü, akşamüzeri tipiye çevirdi. O yıllarda kışlar çok sert geçerdi ama o yıl her zamankinden de sertti kış. Akşam olunca tüfeğimi, fişeklerimi hazırladım. Erkenden yattım ki sabah güneş doğarken kalkabileyim. Bütün gece rüyamda ördek sürülerinin biri kalktı, biri kondu göl kıyısına. Göl köyümüzün doğu tarafındaydı. Kıyıları söğüt ağaçlarıyla, sazlarla çevrili güzel bir yerdi. Kış aylarında ördekler yiyecek ve su bulmak için sürüler halinde buraya gelirdi. Yaz aylarında ise göle güneşin doğuşunu izlemeye giderdik. Rahmetli ninenle en sevdiğimiz şeydi gölün kıyısında doğan güneşin gölde yarattığı renk oyunlarını izlemek.

Sabah kalktığımda kar dinmişti ama hava çok soğuktu. Ne olursa olsun gidecektim. Taner'le buluşup yola koyulduk. Göl kıyısına geldiğimizde şaşırdık. İlk defa onun donduğunu görüyorduk. Söğütlerin altında kendimize kuytu bir yer bulup beklemeye başladık. Yere bir battaniye serip üzerine oturduk. Güneş yeni doğmuştu, ortalık yavaş yavaş aydınlanmaya başlamıştı. Gökyüzünde bir ördek sürüsü belirdi. Ancak ördekler inmeden geçip gittiler. Daha sonra birkaç sürü daha geçip gitti. Ördekler alçalıyor ancak yere konmuyorlardı. İki saat daha bekledikten sonra aklıma bir şey geldi. Ördekler buraya su ve yem bulmak için geliyorlardı. Oysa göl donmuştu ve su yoktu. Öyleyse onların suyu görmeleri gerekiyordu ki yere inebilsinler.

Arkadaşım Taner'in yanından hiç ayırmadığı kol büyüklüğündeki bıçağı alıp göle doğru yürümeye başladım. Sekiz on adım gittikten sora gölün üzerini kaplayan buzu kırıp büyükçe bir delik açtım. Yeniden beklemeye başladık. Derken bir ördek sürüsü geldi, deliğin çevresinde bir iki kez dönüp alçaldılar. Birer ikişer inip su içmeye başladılar. Ben hemen tüfeğimi doğrultup bir güzel nişan aldım ve ateşledim. Yalnızca bir ördek kaçabildi, diğerlerini toplayıp çuvala doldurdum. Tam yirmi iki taneydiler. Taner sıranın kendisinde olduğunu söyleyip sipere yattı ve beklemeye başladı. Bir süre sonra bir ördek sürüsü daha göle yaklaştı. Onlar da birkaç kez döndüler ve deliğin çevresine inmeye başladılar. Taner nişan alıp tüfeğini ateşledi. Ardından heyecanla koşup ördekleri toplamaya ve çuvala doldurmaya başladı. Bir yandan sayıyor ve bir yandan da bana bakıyordu.

En son "On dokuz" dedi, kaldı. Hala sağa sola koşup yaralı ördek arıyordu. Bulamayınca deliğin başına oturdu. Bu kez suyun içinde ördek aramaya başladı. Ben Taner'e yanlış saydığımı, benimkilerin yirmi iki tane değil on sekiz tane olduğunu söyleyip onu aramaktan vazgeçirmek istedim. Ama o beni dinlemedi. Kocaman bıçağını çıkarıp deliği genişletmek için buzu kırmaya başladı. Ben engel olmak için yanına gidemeden buz kırıldı. Taner suyun içine düştü. Hemen bir söğüt dalı kırıp Taner'e uzattım. Onu güçlükle gölden dışarı çıkardım.

Dişlerinin takırdadığını duyuyordum. Taner'i bekleme yerine getirip üzerindeki ıslak giysilerini çıkardım. Arkadaşım şu vitrinlerdeki mankenler gibiydi. Nasıl bırakırsam kolu bacağı öyle kalıyordu. Onu yere yaydığım battaniyenin üzerine yatırıp askerde öğrettikleri gibi göğsünü, bacaklarını, kollarını karla ovdum. Sonra da onu güzelce sarıp sarmaladım. Sırtımda Taner elimde ördek dolu çuvalla köye döndüm."

Dedesinin anlattıklarını soluksuz dinleyen torun merakla sordu; "Arkadaşına ne oldu dedeciğim, kurtuldu mu?" Dede yorulmuştu, elini torununun omzuna koyup:

"Taner üç ayda kendini toparlayabildi. İyileşmesine iyileşti ama korkuları yanına kâr kaldı... Neyse şimdi inandın mı, dedenin avcılığına? Senin bu deden aslan bile avladı, anladın mı?" dedi. Torunun gözleri parladı. "Onu da anlatsana dedeciğim, ne olursun." diye yalvaracak oldu ancak dede kararlıydı. "Dilim damağım kurudu, bacaksız. Kalk gidelim eve de, bir şeyler yiyip, içelim" diyerek yürümeye başladı. Torunu da dedesine yetişip onun elinden tuttu, iki kafadar hiç konuşmadan eve vardılar. Bahçe kapısından girerken ikisi de havayı koklamaya başladılar. Fırından yeni çıkmış kekin kokuları geliyordu. Gelin Hanım "Nerede kaldınız, park kuşları? Acıkmadınız mı?" diyerek kapıda karşıladı onları. Sonra da bir güzelce doyurdu bu evin en büyük ve en küçük çocuğunu.

Dede o gün torununun dayatmalarına dayanamadı, ağzından kaçırdığı aslan avlama anısını da anlattı. Biraz da kendisi istiyordu bunları. Bütün gün başka ne yapacaktı ki. Anılarını anlatırken kendi de mutlu oluyordu, torunu da. Onlar öyle birbirlerini oyalayıp gelin hanımı rahat bıraktıkları için o da işlerini gönül rahatlığıyla yapıyordu. Bu da onu mutlu ediyordu.

Ertesi gün dede torun kahvaltıdayken kapı çalındı. Kapıyı açan Gelin Hanım içeriye seslendi. "Baba, biraz gelir misin, bak bir amca seninle görüşmek istiyor."

Dede kapıya geldiğinde yılbaşı gecesi kendisine hediyeler getiren Noel Babayı görmüş çocuk gibi atıldı kapıda bekleyen adamın boynuna. Sonra durum anlaşıldı. Yusuf amca yani dedeyi ziyarete gelen adam dedenin eski ama çok samimi bir dostuymuş.

Kasabaya geldiğinde ilk tanıştığı, en güzel anılarını paylaştığı birisiymiş.

İki yıl önce çok sevdiği hanımını kaybedince başka bir kasabada çalışmakta olan oğlunun yanına gitmiş ve orada iki yıl kaldıktan sonra geri dönmüştü. Döner dönmez de ilk iş olarak sevgili dostunu görmek için gelmişti. O günden sonra Yusuf Amca da sık sık dedenin ziyaretine geldi. Üçü birlikte parklara, bahçelere gittiler, oyunlar oynadılar. Dede ile Yusuf Amcanın tavla maçları torunun zevkle izlediği oyunlardı. Çünkü bu saçları sakalları ağarmış, belleri bükülmüş, dişleri dökülmüş, elleri titrek iki yaşlı adam tavla oynarken yaramaz çocuklardan farksız oluyorlardı. Çoğu oyundan sonra ben kazandım, sen kazandın kavgası yapar, birbirlerine küserlerdi. Onları barıştırmak da toruna kalırdı hep.

Bir gün dede rahatsızlandı. Dışarı çıkmak şöyle dursun tuvalete bile birinin desteği olmadan gidemiyordu. Onu ziyarete gelen eski dostu Yusuf'tan torununu gezdirmesini istedi. Yusuf Amca onun bu isteğini komutanından emir almış bir asker gibi kabul edip çocuğu parka götürdü. Her zaman ki gibi tüm oyuncaklarla oynadıktan sonra dinlenmek için bir ağaç altına oturdular.

"Yusuf Amca, sen de avcı mısın? Benim dedem avcıların kralıdır. Aslan bile avlamış."

Yusuf Amca; "Biliyorum, biliyorum. Deden aslan bile avladı." derken bir yandan da kahkahalarla gülüyordu. Çocuk onun bu gülüşünde bir gariplik olduğunu sezdi. Yaşarmış gözlerini silmeye çalışan yaşlı adama dönüp:

"Yusuf Amca niye gülüyorsun, dedem yalan mı söylüyor yoksa?"diye sordu. Yusuf Amca bu kez ciddi olarak:

"Hayır, yavrum, deden sana yalan söylememiş ama biraz abartmış. Yani onun yaptığına aslan avlamak denmez." dedi. Çocuğun şaşkın bakışlarla "Öyleyse olayın aslını sen söyle." dediğini sezerek anlatmaya başladı.

"Uzun yıllar önceydi. Deden kasabaya yeni gelmişti. Avcılığa meraklı olduğundan iyi anlaştık kendisiyle. Birlikte avcılar kulübünde buluşup söyleşirdik. Bir gün hiç aslan görmediğini söyledi bana. Ben de onu ertesi gün hayvanat bahçesine götürüp aslanları gösterdim. Deden kafese biraz fazla yaklaşınca aslan öyle bir kükredi ki ben geriye fırladım fakat deden belinden eski bir tabanca çıkarıp aslanı alnından vurdu. O koca hayvan yere yığıldı. Bahçe görevlileri ikimizi de yakalayıp polise teslim ettiler. Dedeni mahkemeye çıkardılar. Ben de tanıklık ettim. Deden üç ay hapis yattı, bu yüzden. O günden sonra da hayvanat bahçelerine hiç gitmedi. Seni de götürmemiştir. Öyle değil mi?"

Çocuk; "Evet" anlamında başını salladı. Hiçbir şey söylemedi. Düşüncelere daldı. Gözünde "Avcılar kralı" diye büyüttüğü dedesi şimdi ona kral gibi gelmiyordu. Hayal kırıklığına uğramıştı. Çünkü dedesi bu olayı ona başka türlü anlatmıştı. Acaba Yusuf Amca mı yalan söylüyor diye düşünüyordu. O böyle düşünürken Yusuf Amca ona:

"Sana bu olayı anlattığımı dedene sakın söyleme yoksa beni de vurur. Çünkü senin bu deden iyi adamdır, hoş adamdır ama ayakları yere basmaz onun. Hayaller dünyasında yaşar. Aslında garibin suçu yok. Gençliğinde suyu donmuş bir gölde ördek avlarken buzlar kırılmış göle düşmüş. Buz gibi suda donmuş, aylarca hasta yatmış. Ondan sonra böyle biraz kaçık davranışlar göstermeye başlamış." dedi. Çocuk bunları da duyunca öyle şaşırdı ki ne diyeceğini bilemedi. Usulca; "Olur, söylemem. " diyebildi. Ama içine bir kurt düşmüştü. Akşam yemeğinden sonra ona "İyi geceler." demeye gelen dedesine sordu:

"Dedeciğim, sen aslanı ormanda mı vurdun, hayvanat bahçesinde mi?" Dede kıpkırmızı kesildi, eli ayağı titremeye başladı. Yatağın kıyısına ilişip torununun saçlarını okşadı, onu yanaklarından öptü. "Haydi, bakalım şimdi uyku zamanı, bunları düşünme artık, güzel güzel uyu." deyip torununun üstünü örterek odadan ayrıldı. O gece gözüne uyku girmedi. Eski dostu Yusuf'a kızdı, durdu. "Ne vardı şimdi bunları anlatacak. Kırk yıllık olay bu" diye düşünerek sabahı etti.

Başkalarının ne söylediği hiç umurunda değildi. Torununun onu eskisi kadar sevmeyeceğinden korkuyordu. Hem aslanı o vurmamış mıydı? Ha ormanda, ha hayvanat bahçesinde, ne fark ederdi ki?

Sabahleyin gözlerini açtığında torunu göbeğinin üzerinde oturuyordu. Onun huyuydu bu; her sabah dedesini böyle uyandırıyordu. Dede gece ne zaman uykuya daldığını anımsamıyordu. Korktuğu gibi olmadı, torunu ona bir daha o soruyu hiç sormadı. Günler her zaman ki gibi geçiyordu yine. Bu olaydan birkaç ay sonraydı. Dedeyle torun arasındaki buzlar tümüyle çözülmüş, yine eskisi gibi dost olmuşlardı. Bir gün eve döndüklerinde bir sürprizle karşılaştılar. Dedenin eski dostu -askerlik arkadaşı- Taner onu ziyarete gelmiş evde bekliyordu. Gelirken de ona bir aslan postu getirmişti. Aslında bu gerçek bir post değildi, yapmaydı.

Taner onu parayla satın almıştı ve yıllardır görmediği arkadaşına getirmişti. Dedeyle eski dostu Taner oturma odasında koyu bir söyleşiye daldılar. Çocuk da odasında oyuncaklarıyla oynuyordu. Babası işteydi. Annesi de alışverişe gitmişti. Çocuk oyuncaklardan sıkılmış, televizyonu açmıştı. Hayvanların yaşamlarını anlatan çocuk oyununu severek izledi. Çocuklar değişik hayvanların kılığına girmişlerdi. Şarkılar söyleyerek hayvanların seslerini ve hareketlerini taklit ediyorlardı. Çocuğun aklına bir şey geldi.

Hemen salona gidip yere serilen aslan postunun içine girdi. Sürünerek dedesinin arkadaşıyla konuştuğu odanın kapısına geldi. Ayağa kalkıp belgesel filmlerden duyduğu aslan sesini taklit ederek bağırdı. Dedesi kapıda aslanı görünce hemen duvarda asılı duran tüfeğini kapıp ateşledi. Aslan yere yığıldı. Dede; "Vurdum, vurdum işte. Can! Caaan! Gel de gör dedeni. Gör bak aslanı nasıl vurdum, onu ben vurdum, ben." diye bağırıyor, odadan odaya koşuyordu. Dedenin eski dostu Taner donup kalmıştı. Neden sonra telefona sarıldı. Çok geçmeden evin önüne iki beyaz araba geldi. Birine aslan postundan çıkardıkları çocuğu bindirdiler Arabanın üzerinde; ".............Hastanesi Acil Servisi" yazılıydı. Diğer arabaya aslan avcısı dedeyi bindirdiler. Üzerinde; "............Ruh ve Sinir Hastalıkları Hastanesi" yazılıydı.

Bir hafta sonra Can başı sarılı eve döndü. Kurşun alnını sıyırıp geçmişti. O şimdi en çok dedesinin nerede olduğunu ve onu ne zaman göreceğini merak ediyordu.

## İNSANLAR YUMURTA GİBİDİR

-Birim, kızım kapının zili çalıyor. Kapıyı açar mısın? Benim ellerim bulaşık.

-Tamam, anneciğim. Şimdi açıyorum.

Birim odasında ders çalışıyordu. Annesinin uyarısı üzerine kalkıp kapıya koştu. Bu ince uzun boylu, dalgalı siyah saçlı, sevimli kız çocuğu kapıyı açınca karşısında babasını gördü.

-Aaa! Babam gelmiş. Hoş geldin babacığım.

-Hoş bulduk güzel kızım. Şu yumurtaları alıver, kırılmadan.

Birim babasının verdiği yumurta

kartonunu alıp mutfağa götürdü.

-Anneciğim, babam geldi. Yumurta almış. Başka paketler de var elinde.

-Haydi, onu bırakıver de babana yardım et.

-Gerek yok. Ben getirdim paketleri. Nasılsınız bakalım?

-Hoş geldin, kocacığım. Biz iyiyiz. Sen nasılsın? Yorgun görünüyorsun.

-Hoş bulduk. Biraz yorgunun ama iyiyim.

Birim babasının getirdiği paketleri buzdolabına koydu. Yumurta kartonunu babasına gösterip;

-Bunu böyle mi koyayım, babacığım?

-Hayır, kızım. Annen sonra onları yerleştirir. Bak, şimdi sana bir soru soracağım. Bu yumurta kartonunda altışardan beş sıra yumurta var. Yumurtaların hepsi kaç tanedir?

-Aman baba! Bu da soru mu? Otuz tane.

-İyi ama sorum bitmedi daha. Ben bunlara üç lira verdim. Öyleyse yumurtanın tanesi kaç kuruşa geldi, söyler misin?

-O da kolay babacığım. Bir yumurta on kuruşa gelmiş.

-Orhancığım, karışmayayım dedim fakat dayanamadım. Hem yorgunum diyorsun, hem nelerle uğraşıyorsun. Sonra, Birim artık çocuk değil; tam on iki yaşında. Altıncı sınıfa gidiyor. Yani bu sorular onun için çocuk oyuncağı.

-Evet, babacığım. Ben artık büyüdüm. Benim de sana bir sorum var ama sen şimdi yorgunsun. Yemekten sonra bana bir yarım saatini ayırabilir misin?

-Seve seve güzel kızım. Önemli bir şey galiba.

Birim; "Evet babacığım." deyip kıkırdayarak odasına gitti.

Akşam yemeğinde sorunlardan hiç söz etmediler. Onlar yemeğe otururken kafalarındaki sorunları bir kıyıya bırakmayı alışkanlık edinmişlerdi. Güzel şeylerden konuştular. Birim'in babasının dediğine göre bunun iki nedeni varmış: birincisi; neşe içinde yenilen yemek vücuda daha yararlı olurmuş. İkinci nedeni de kişi en azından yemek süresince sorunlarından uzaklaşmış olacağından kendini rahat hissedermiş.

Yemek bitince Birim de babası da masanın toplanmasına yardım ettiler. Annesi:

-Haydi; siz gidip şu sorunu çözün. Ben

de bu arada bulaşıkları makineye yerleştireyim, ortalığı toparlayayım. Çay saatine kadar her şey bitmiş olsun. Tamam mı, dedi.

Baba kız Birim'in odasına gittiler. Babası eskiden sık girdiği bu odaya artık genç kızlığın eşiğine gelmiş kızının izni olmadan giremiyordu. Birim onu odasına önceden yerleştirdiği koltuğa oturttu ve kendisi de bilgisayar masasının yanındaki döner koltuğa oturdu.

-Heyecanlandım şimdi. Hani televizyonlarda kırmızı koltuklara oturtulup sorguya çekilen yetkililer gibi hissediyorum kendimi.

-Rahat ol babacığım. Görünüş olarak onlara benzesen de ben seni sorgulamak niyetinde değilim. Sana bir sorunumu danışacağım yalnızca.

-Şaka yaptım, güzelim. Seni dinliyorum.

-Babacığım, benim okulda üç arkadaşım var; Uğurcan, Erden ve Kemal. Üçü de çok efendi çocuklar ve benimle arkadaş olmak istiyorlar. Ama ben hangisini seçeceğimi bilemiyorum. Annem; "Baban doğal olarak erkekleri benden daha iyi tanır.

Sen en iyisi ona danış." dedi. Bana yardım eder misin, babacığım? Hangisini seçeyim?

-Yardım etmesine ederim ama ben bu arkadaşlarını hiç tanımıyorum ki.

-Aslında ben de onları iyi tanıdığımı söyleyemem... örneğin: Uğurcan; ince, uzun, esmer bir oğlan. Çok neşeli biri. Tamam diyorum, Uğurcan'la arkadaş olabilirim. Ama bir bakıyorum; yine biriyle kavga etmiş. Vazgeçiyorum ondan.

-Biraz kavgacı biri desene. Peki diğerleri nasıl?

-Erden; sessiz, sakin, biraz içine kapanık biri. Dümdüz sarı saçları var. Çok efendi. Bana böyle bir arkadaş gerekli diyorum. Erden'i seçmek istiyorum. Ama kendine hiç güveni yok. Oysa ben biraz cesur bir arkadaşım olsun istiyorum.

- Erden'den de vazgeçiyorsun bu durumda. Öyleyse geriye Kemal kalıyor. O nasıl biri?

-Haklısın babacığım. Son aday Kemal. Tombiş Kemal. Kirpi gibi saçları var. Ama öyle şakacı, öyle neşeli biri ki onun yanında zaman nasıl geçiyor, anlamıyorum. Yalnız bir kötü huyu var; yalan söylüyor. O da bunun farkında. "Canım bunlar küçük yalanlar.

Kimseye zararı olmaz." diyor. "Yalanın büyüğü küçüğü olur mu, diyorum, ondan da vazgeçiyorum.

-Anlıyorum güzel kızım. İşin gerçekten zormuş. Şimdi ne yapabiliriz? Bir bakalım.

Birim onun ne diyeceğini merakla bekliyordu. Babası önce uzaklara baktı, düşündü, dudaklarını büktü, gözlerini kıstı. Sonra yüzünde bir gülümsemeyle Birim'e döndü.

-Sanırım sana yardımcı olabilecek bir şeyler buldum. Ama önce mutfağa gidip dolaptan yumurtaları alıp buraya getirmelisin. Hepsini.

Babası kendisine şaşkın şaşkın bakan Birim'e;

-Daha ne duruyorsun? Anlamadın mı? Yumurtaları getir dedim. Hepsini, tamam mı, dedi.

Birim babasının bu isteğinden hiçbir şey anlamamıştı ancak ona güveniyordu. Hemen mutfağa gitti. Annesinin buzdolabına yerleştirdiği yumurtaları kocaman bir kâseye doldurdu. Kendisini şaşkınlıkla izleyen annesine; "Babam istedi." diyerek kaseyi kucakladığı gibi odasına koştu.

Babası gelen yumurtaları Birim'e gösterip;

-Bunlara iyice bak. Birbirlerine benziyorlar mı?

Birim yumurtaları ilk kez görüyormuş gibi onlara yakından baktı.

-Benziyorlar, babacığım. Sanki hepsi birbirinin aynısı gibi.

-Bir iki tanesini eline al ve yeniden bak. Biraz incele bakalım onları. Aralarında hiç fark yok mu?

Birim yumurtalardan birkaç tanesini eline alıp inceledi, onları birbirleriyle karşılaştırdı. Bu küçücük gözlem yumurtaların birbirinin aynısı olmadığını gösterdi ona. Büyüklüklerinin, şekillerinin farklı olduğunu gördü.

-Hepsi birbirine o kadar da benzemiyormuş. Bazıları büyük, bazıları küçük. Uzunu var, yuvarlağa yakını var. Beyaz gibi görünüyorlar ama renkleri bile az çok farklı.

-Evet, güzel kızım. İnsanlar da yumurtalar gibidir. Uzaktan bakılınca hepsi birbirine benziyor görünürler. Ama onları yakından tanıdıkça farklılıklarını anlıyorsun. Şimdi sana bir soru soracağım. Ancak asıl sorumdan önce şunu bilip bilmediğini öğrenmek istiyorum. “Kuluçka” neye denir, biliyor musun?

Birim hemen geçen yıl babaannelerinin çiftliğinde geçirdikleri tatili anımsadı. Babaannesi her sabah tavukları yemlerken “Gurk, gurk” diye sesler çıkararak yem yiyen tavukları gösterip; “Bak bunlar kuluçka tavuklardır. Biz bunlara ‘gurk tavuk’ diyoruz, demişti. “Bunların altına yumurta koyuyoruz, yirmi bir gün sonra bu yumurtalardan civcivler çıkıyor.”

-Evet biliyorum, babacığım. Geçen yıl babaannemlerin çiftliğinde görmüştüm.

-Öyleyse şimdi asıl sorumu sorabilirim. Bu yumurtaları kuluçka tavuk altına koysak hangilerinden civciv çıkar?

-Bilemem ki babacığım. Babaannem olsa bilirdi ama ben bir şey diyemeyeceğim.

-Üzülme kızım. Ben de bilemem. Böyle dışarıdan bakmayla anlaşılmaz. Kimse anlayamaz. Ancak bunu bilmenin bir yolu var. İstersen sana göstereyim.

-Benim sorunumla ne ilgisi olduğunu anlayamadım ama merak ettim. Göster bakalım.

Babası Birim’e bir yumurta seçtirdi.

Sonra onu yuvarlak ucu yukarı gelecek şekilde eline aldı. Birim'in masa lambasını yaktı. Yumurtayı ışığa doğru tuttu. Bir elini de lambaya siper ederek ışığın gözünü almasını engelledi. Yumurtanın ortasına doğru baktı. Birim'in de oraya bakmasını istedi. Yumurta sanki saydamlaşmış gibi görünüyordu. Babası; "Bunda yokmuş." dedi ve başka bir tane aldı. Aynı şeyleri bu yumurtayla yineledi. Gene, bunda da yokmuş, dedi. Birim; "Ne arıyorsun ki babacığım?" diye sordu. Babası onu; "Biraz sabret ki bulayım." diye yanıtladı. Beşinci yumurtayı da aynı şekilde inceleyen babası bu kez; "Tamam işte buldum." deyip gördüğü şeyi Birim'e de gösterdi.

-Şuraya bak. Ortanın biraz üstüne. Orada koyu renkli küçücük bir benek göreceksin.

Birim babasının gösterdiği yere dikkatle bakınca beneği fark etti. Bu canlı benek mi yoksa babacığım, diye sordu.

Babası onun bu sorusuna çok şaşırdı, ona; "Bunları nereden biliyorsun der gibi bakıverdi. Birim hemen onun bu merakını giderdi:

-Bize bunu Fen Bilgisi öğretmenimiz

göstermişti, dedi. Şimdi anımsıyorum. "İçinde canlı benek bulunan yumurtalardan civciv çıkar, diğerlerinden çıkmaz." demişti.

-Öğretmenin doğru söylemiş. Canlı beneği bulunan yumurtaların içinden civciv çıkar. Biliyor musun? İnsanlar da yumurta gibidir. Dıştan bakıldığında kimin içinde ne vardır, bilinmez. Ama onları yakından tanıdıkça yumurtanın canlı beneği gibi onların da içlerinde ne yetenekler, ne güzellikler olduğunu görürsün. Hani arkadaşlarını tanıtırken, hepsinin göze çarpan özelliklerini saymıştın ya. Eminim ki senin daha bilmediğin, göremediğin ne güzel yanları vardır onların.

Siz daha çok küçüksünüz sevgili kızım. Şimdi hepiniz arkadaş sayılırsınız. Kesin karar vermek için çok erken. Bu günler hem kendinizi hem arkadaşlarınızı tanıma dönemi. Onlarla oyun oynarken, gezip tozarken, ders çalışırken birbirinizin içindeki güzellikleri göreceksiniz. O zaman daha kolay ve daha güvenli seçim yapabileceksiniz.

Birim kalkıp babasının yanaklarından öptü.

-Teşekkür ederim, babacığım. Ben şimdilik üçünü de seçiyorum. Onları daha yakından tanımam gerekiyor. Asıl seçimimi daha sonra yapacağım.

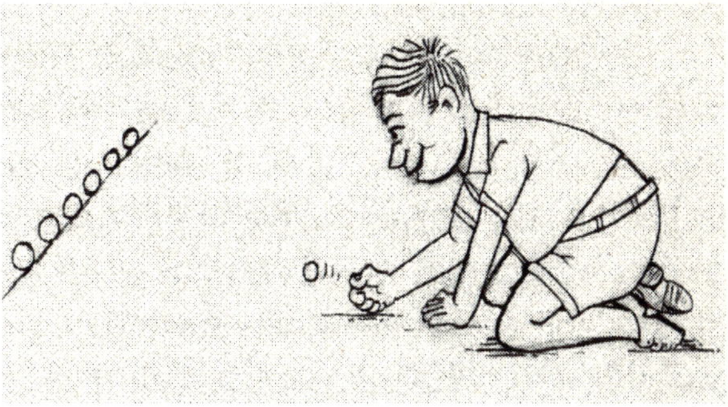

# MEŞE

"Sevgili Yalçın, *Nisan 2009*

adresini annenin otuz yıl önce çalıştığı köşkün sahibinden aldım. Ne kadar doğru olduğunu bilemiyorum. Bu nedenle mektubumun eline geçip geçmeyeceğini de bilmiyorum.

Olur da mektubum sana ulaşırsa beni yanıtsız bırakma. Senden haber bekleyeceğim. Yıllar öncesinde yaşadığımız o tatsız olayın bizi daha fazla ayrı tutmasına izin vermeyelim. Sen benim en iyi arkadaşımdın. Bugün de öyle. İnan sana en küçük bir kırgınlığım yok. Ama senin bana çok kırıldığını düşünüyorum. Bu yüzden kendimi bağışlatmak istiyorum..."

Yalçın bir hiç yüzünden kavga edip ayrıldığı arkadaşı Metin'den gelen mektubu üçüncü kez okuyordu. O da arkadaşına kırgın değildi. Ayrılmalarına neden olan tatsız olaydan birkaç gün sonra onunla görüşmeyi denemiş ancak arkadaşının annesinden çekindiği için buna cesaret edememişti. Daha sonra da o mahalleden taşınınca birbirlerinden tümüyle uzaklaşmışlardı.

Arkadaşı Metin de onunla görüşmek için çok çabaladığını fakat her keresinde annesinin onu engellediğini mektubunda yazmış. Sonra araya uzun öğrenim yılları, askerlik ve çalışma yaşamının zorlukları girmiş. Bakmış ki aradan geçen bunca zaman bile arkadaşını unutturamıyor, o da sonunda dayanamayıp bu mektubu yazmış.

Yalçın mektubu okumayı bitirdikten sonra koltuğa yaslanıp bakışlarını pencereden gördüğü bahçedeki ceviz ağacının dallarına asarak düşüncelere daldı. Çocukluk günlerini anımsadı. Metinlerin evinin bir sokak ötesindeki cevizli alanı düşündü. Hayallerinde Metin'le orada oynadığı oyunlar canlandı. İkisinin aralarında birkaç ay vardı ama Metin sarı yüzlü, çelimsiz, dal gibi bir oğlandı. Yalçın ise ondan daha iri, kumral ve topaç gibi biriydi. Boyları ve renkleri gibi huyları da farklıydı. Metin ne denli sinirli ve hırçın davranıyorsa Yalçın o denli rahat ve uysaldı. Belki de iyi anlaşmalarının nedeni buydu. Ancak bir gün bu tılsım bozulmuş, iki arkadaş kavga etmiş ve birbirlerini bir daha hiç görmemek üzere ayrılmışlardı.

Yalçın bir saate yakın anılarını didik didik taradı ve Metin'le paylaştıkları güzel olayları aradı bu eskimiş anıların içinde. O bir tek üzücü olay dışında hepsi güzel anılardı zaten. Sonra arkadaşına mektup yazmaya karar verdi. Madem o yazmıştı ve yanıt bekliyordu, öyleyse kendisi de öyle yapmalıydı. Kalktı, masanın başına oturdu ve yazmaya başladı. Neler yazacağını çok iyi biliyordu; hepsi kafasında hazır bekliyordu.

"Sevgili Metin,

bazı şeylerin tanımı zordur, bilirsin. İşte şu an öyle duygular içindeyim. Hani yitirdiğin değerli bir şeyi yeniden bulmuşsun gibi. Ben değerli bir dostumu, seni, buldum. Ya da sahip olduğun çok değerli bir şeyi yitirmişsin gibi. Ben çocukluk arkadaşımın hayallerimdeki yüzünü yitirdim. Birden ayüverdi. Büyüdükçe buğulandı, tanınmaz oldu. Şu anki yüzünü bilmediğimden o bulanık yüzün yerine gerçek görüntünü koyamıyorum.

Metinciğim, beni çok sevindirdin. Biraz da utandırdın. Önce ben davranmalıydım. Ama sen hep benden daha inatçıydın. Bir şeyi yapacağım dediğinde seni kolay kolay hiçbir şeyin döndüremeyeceğini en iyi ben bilirim. Senin o inadın değil mi zaten bizi ayıran. Hayır, yakınmak için yazmıyorum bunları. Yakınmaya hiç hakkım yok. Çünkü o gün ben de en az senin kadar inatçıydım.

Anımsıyorsun değil mi? Okul çıkışı cevizli alanda buluşalım diye sözleşmiştik. Meşe oynayacaktık. Buralarda misket diyorlar o cam yuvarlaklara. Yolda gelirken kocaman bir meşe bulmuştum; Gıcır gıcırdı. Birisi düşürmüş herhalde. Üç tane de kendimin vardı, küçüklerden. Bilirsin bende fazla meşe bulunmazdı. İyi de oynayamazdım. Sen çok becerikliydin ve hep sen kazanırdın. Bende meşe kalmayınca dayanamazdın, oyun bitmesin diye, bana borç verirdin. Fakat ben sana borcumu hiç ödeyemezdim.

O gün elimdeki gıcır gıcır iri meşeyi sana gösterince hemen kapmıştın onu. Ben bakıp geri vereceksin sandım, bir süre bekledim. Baktım vermeye hiç niyetin yok, onu senden geri almak istedim. O incecik parmakların bir mengene gibi sıkıyordu meşeyi. Bileğinden sımsıkı tutmuştum ama parmaklarını açamamıştım. Oysa ben senden iri ve ağırdım; isteseydim seni altıma alıp ezebilirdim. Biraz da güçlüydüm; canını yakmaktan korkmasaydım parmaklarını açabilirdim. Fakat sana zarar vermek istemiyordum. Yalnızca meşemi istiyordum. Ne olursa olsun onu sana bırakmayacaktım. Yeniden üzerine çullandım. Sen bir kirpi gibi tostoparlak oluverdin. Ne yaptıysam seni açamadım. Ancak bir süre sonra yoruldun. Tam elini açıp meşeyi alacaktım ki sen onu ağzına attın.

O anki davranışların şu an gözlerimin önünde. Gözlerin iri iri açılmıştı. Boğuk boğuk sesler çıkarıyordun. Ne yapacağımı şaşırmıştım. Çevrede kimsecikler yoktu. Aklıma hiçbir çözüm gelmiyordu. Birden yolun başında bir adam belirdi. Bağırmaya başladım; "Koşun, bize yardım edin. Arkadaşım soluk alamıyor." Adam koşup geldi. "Yalçın Meşe yuttu." dedim. Seni bacaklarından tutup tepe takla çevirdi. Bir iki silkeledi. Sonra birkaç kez omuzlarının arasına vurdu. Yuttuğun meşe ağzından fırlayıverdi. Hemen onu kaptım. Gömleğime sildim ve sana uzattım. Adam seni yere oturtmuştu. Sen meşeyi alıp yine avucunda sıkıca tutuyordun. Fakat hiç konuşmuyordun. Öylece donuk donuk bakıyordun.

Adam: "Arkadaşına göz kulak ol. Ben evlerinin önünden geçerken annesine söyler, onu yollarım buraya." diyerek uzaklaştı. Ben senin çevrende dönüp duruyor, seni konuşturmaya çalışıyordum. Bir kelimecik söylesen rahatlayacaktım. O an aklıma bir şey geldi. Hemen cebimden bir meşe çıkarıp ağzıma attım ve "Bak, ben de yutuyorum." deyip yuttum. Benimki küçüktü ama yutarken boğulacağım sandım. Sen gözlerini açıp baktın yalnızca. Sonra bir tane daha çıkarıp yuttum. Bu kez daha zor oldu. Yutkuna yutkuna zor indirdim aşağı. Yine hiç tepki vermeden bakıyordun, konuşmuyordun.

O sırada annen geldi. Hemen seni kucakladı. Sonra bana dönüp "Sen onunla bir misin? Boyundan posundan utan… Nasıl oluyor, anlamıyorum. Biz bal börekle besliyoruz; boynu ip gibi, neredeyse kopacak. Bu, yavan ekmekle besleniyor. Ensesine bakın. Domuz ensesi gibi." diyerek beni azarlamaya başladı. Bu sözler benim o günkü küçücük kalbime bıçak gibi saplanıyordu. Fakat ben onlara aldırmıyor; "Zehra Teyze, ben de iki tane meşe yuttum. İnanmazsan Metin'e sor." diyordum. Annen; "Geberirsin inşallah. Senin yüzünden benim sevgili oğlanım ölecekmiş az daha." deyip beni iterek seni kolundan tuttu, sürükleyerek eve doğru yürüdü. Ben de arkanızdan yürüdüm.

Dudaklarım titriyordu. Biri dokunsa ağlayacaktım. Hem de katıla katıla. Aslında göz pınarlarımdan süzülen gözyaşlarım burnumun iki yanından sessizce yuvarlanarak üst dudağıma ulaşmıştı. Ama ben ağlamamak için direniyor, dudaklarımı ısırıyordum. Bir de üç beş adımda bir; "Zehra Teyze, ben de iki tane yuttum. Metin'e sor istersen. O da gördü. Öyle değil mi Metin? Söylesene annene." diyordum. Annen o gün çok acımasızdı. Bana dönüp "Sen hala arkamızdan mı geliyorsun domuzun eniği?" diyerek üzerime yürüyünce sizi izlemekten vazgeçtim. Olduğum yere oturup dakikalarca hıçkırarak ağladım.

Biraz sakinleyince aklıma gelen bir olay karnıma sancılar girmesine neden oluyordu. Ben önce sana, sonra da annene sanki bir kahramanlık yapmışım gibi meşeleri nasıl yuttuğumu anlatmaya çalışırken işin bu yanını hiç düşünmemiştim.

Bir hafta önceydi. Teyzemlerin bahçede kuzenim Nail'le erik yiyorduk. Sanki biri arkamızdan koşturuyormuş gibi bir elimizle dalı tutuyor, diğeriyle erikleri ağzımıza atıyorduk. Leblebiden az büyük ham eriklerdi bunlar. İkimiz de dalmışız. Ben Nail'in "gıık gıık" diye sesler çıkardığını duyunca ne yapacağımı şaşırdım. Tıpkı senin gibiydi Nail de. Soluk alamıyordu. Yüzü morarmış, tepinip duruyordu. Nasıl olduğunu bilmiyorum. Baktım birden derin derin solumaya başladı. "Eriği yuttum." diyebildi hırıltılı bir sesle. Çok korkmuştuk. Nail'in yüzü sapsarı kesilmişti.

İşte o gün bu olayı anımsayınca karnıma sancılar saplanmıştı. Aynı korkuları yeniden yaşıyordum. Ya benim boğazıma da meşeler takılsaydı! Beni kim kurtarırdı?

Eve dönünce annemlere hiçbir şey söylemedim. İçimdeki korkuyu yenememiştim daha. Annem olanları öğrenseydi beni dövmese bile azarlayarak dövülmüşten beter ederdi. Onlara söylememiştim ama üzüntümü de gizleyemiyordum. "Biraz karnım ağrıyor da ondan neşem yok." deyip geçiştirmeye çalışmıştım. Akşam yemeğinde de birkaç lokma bir şey yiyip kalkmıştım. Sonra da erkenden yatıp uyumuştum.

Sevgili Metin,

O gün bir yanlış daha yapmıştım. Bunu çok geçmeden hemen o gece anladım. Başıma gelenleri büyüklerimden saklamıştım. Fakat bu bana öyle bir ders olduk ki o gün bugündür hiçbir işimi şansa bırakmıyorum.

O gece sabaha yakın annem iniltilerimi duymuş ve yanıma gelmiş. Ben dizlerimi karnıma çekmiş, ellerimi bacaklarımın arasına sokmuş; yüzüm, gözüm ter içinde inleyip duruyormuşum. Annem beni hemen uyandırıp kusturmuş fakat açılmamışım. Ben ağrıdan ve daha çok da korkudan olacak bilinçsiz hareketler yapıyormuşum. Bu yüzden bu olayları gözlerimde tam olarak canlandıramıyorum. Daha sonra annemden dinlediklerimi yazıyorum şimdi sana.

Beni zaman geçirmeden hastaneye götürmüşler. Doktor; "Bizi yalnız bırakın." deyip annemle babamı odadan dışarı çıkarmış. Bana neler olduğunu sormuş. Neler yiyip içtiğimi öğrenmeye çalışmış. Pek çoğunu anımsamıyorum. Bu sorgulamadan aklımda kalanlar; doktorla aramızda geçen şu konuşma:

"Doktor Amca, ben iki tane meşe yuttum."

"Meşe pelidi mi yuttun?"

O böyle sorunca ben de ona ağlamaklı yüzümle gülerek;

"Meşe pelidi yutulur mu? Ben cam meşe yuttum."

Sanki "Ne cahil adamsın. Hiçbir şeyi bilmiyorsun." der gibi yanıtlamıştım onu.

Sevgili Metin,

O iki cam yuvarlak benim bağırsaklarımı tıkamış. Sonuç; hemen ameliyat olmam gerekti.

Bu yazdığım mektubun yanında gelecek olan küçük kutunun içinde o meşeleri bulacaksın. Onları anı olsun diye saklamıştım. Şimdi seni buldum ya, Onlar artık senin.

Yalçın mektubunun bundan sonrasını Metin'e ve onun özel yaşamına ilişkin sorular yazarak doldurdu ve selamlarla bitirdi.

Yılladır sakladığı meşeleri plastik bir altın kutusunun içine koyup güzelce paketledi, sonra mektupla ikisini ayrı bir paketin içine yerleştirerek postaya verdi.

Bir hafta sonra yolladığına benzer bir paket aldı; içinden bir mektup ve bir küçük kutu çıktı. Kutunun içinde iri bir meşe vardı. Yalçın onu eline alıp ışığa tuttu ve gülümseyerek: “Canım arkadaşım.” dedi.

## AVOKADO

-Anne, ben bunlardan istiyorum. Alalım mı?

-Nedir ki o kızım?

-Armut.

Yeşil başörtülü kadın altı yaşındaki kızının elinde tuttuğu uzun armuda benzer, koyu yeşil renkli meyveyi aldı kokladı, sıktı, evirip çevirip baktı. Tanıyamadı.

-Nereden aldın bunu Cemile? Götür koy yerine. Bilmediğimiz şeyi alamayız.

-Ama anne armut bu. Ben armut isterim.

-Kızım pahalıdır bu şeyler. Kilosu kim

bilir kaçadır?

Yeşil başörtülü kadın elindeki büyük armut benzeri meyveyle marketin sebze meyve satılan bölümüne doğru yürüdü. Cemile de annesinin yanında mızıldanarak yürüyordu.

-Cemile kızım, nereden almıştın bunu? Haydi, göster anneciğine de koyalım yerine.

Cemile omuz silkti. Yeşil başörtülü kadın kızının elinden tutup hızlı adımlarla yürüdü. Kadının bedeni onu otuzlu yaşların başında, yüzündeki çizgiler ise onun bu yaşları çoktan bitirmek üzere olduğunu gösteriyordu. Kuvvetli parmaklarının arasında evirip çevirdiği bu meyvenin ne olduğunu bilmiyordu. Ama onun ucuz bir meyve olmadığını seziyordu.

Sebze meyve bölümünde kasalar içine yerleştirilmiş meyveler arasında elindekinin aynısını arayarak yürüyor, bir yandan da kızına söyleniyordu; "Ah! Cemilem, nereden bulursun böyle şeyleri?" Az sonra biraz ileride çok iri çam kozalağına benzer bir meyvenin yanında elindekine benzer meyveleri gördü. "İşte buradalar." dedi.

Kızının elinden çekiştirerek oraya gittiler. Bu meyvelerin içinde bulundukları uzun kasanın üzerinde "Tropik Meyveler" yazıyordu. Yeşil başörtülü kadın meyvelerin yanlarında birer çubuğa tutturulmuş etiketleri okumaya başladı:

-"A-na-nas". Horoz kuyruklu koca çam kozalağının adı ananasmış. "Hin-dis-tan ce-vi-zi" bak kız Cemile, şunlara bak. Şu kahverengi yün yumağına benzer şey tıpkı maymuna benziyor. Adı da Hindistan ceviziymiş.

Meyveyi eline alıp üç siyah nokta bulunan ucunu kızına doğru tutarak:

-Bak, bunlar gözleri, bu da ağzı. Maymun gibi, değil mi kızım?

Cemile başını salladı, güldü; "Maymun gibi." dedi. Yeşil başörtülü kadın sonra hala bir elinde tuttuğu koyu yeşil meyveyi benzerlerinin yanına bıraktı. Onların yanındaki etiketi okudu:

-"A-vo-ka-do" avakodaymış bunlar. Olmadı galiba. Ne yazıyor orada? "A-vo-ka-do" tamam kızım akovadaymış. Ne zormuş bunun adı? Neyse bize gerekli değil zaten.

O öyle söylenirken Cemile ayakları üzerinde yükselerek avokadoyu yeniden almaya çalışıyordu.

-Haydi, kızım oyalanmayalım. Şuradan

ekmeklerimizi alalım. Kardeşine de püsküüt aldık mı işimiz tamamdır. Cemile sana söylüyorum, bırak onu oraya.

Annesi yeşil armuttan alacak diye beklerken onu oradan uzaklaştırmaya çalışınca Cemile yaygarayı bastı.

-Gitmeyelim. Ben o armuttan isterim. Bana ne isterim işte.

-Armut değilmiş o kızım. Avukato mu neymiş. Neyse ne. Paramız yok, alamayız onu kızım.

Fakat Cemile yoktan anlamıyordu. O meyveden istiyordu ille de. İki gözü iki çeşme ağlıyor, yerlere yatıyordu. Ellerinde arabalarıyla alışveriş yapan diğer müşteriler bu küçük kızın hareketlerini merakla izliyorlardı. Yaşlıca bir hanım yeşil başörtülü kadının yanına sokularak:

-Ağlatma çocuğu kızım. Alıver bir tane, sevinsin. Özenmiş çocuk işte, dedi.

-Fiyatı neymiş ki bunun?

-Çok da pahalı değilmiş. Çocuğu üzdüğüne değmez.

-Bir tanesi kaça gelir ki?

-Tanesi o kadar onun kızım, kilosu mu sandın sen?

-Tanesi mi? Dünyada olmaz. Ben o

parayı veremem.

Yeşil başörtülü kadın hala yerde oturmuş yaşlı gözlerle hıçkırarak onu izleyen kızının yanına gitti. Onun saçını okşayıp yanağından öptü.

-Çok pahalıymış yavrum. Onu alırsak kardeşine bir şey alamayız.

Ama Cemile kararlıydı. O meyveden aldıracaktı annesine. Yeniden attı kendini yerlere ve daha yüksek sesle bağırarak ağlamaya başladı. Hıçkırıklarının arasından; "Ben yeşil armut isterim." dediği duyuluyordu belli belirsiz. O sırada yanlarından geçmekte olan genç bir kadın:

-Çok ağlıyor zavallı yavrucuk. Ne istiyor, neden ağlıyor böyle, diye sordu.

-Şurada duran koyu yeşil renkli meyveleri görmüş. İlle de onlardan istiyormuş. Ovakada mı ne yazıyor yanında? Ama çok pahalı şeyler, alamam.

-Anne ben de isterim onlardan.

Genç kadın alış veriş arabasının içinden inmeye çalışan oğluna baktı. Çocuk birden yere atladı, avokadolara doğru koşmaya başladı. Bir yandan da:

-Anne ben de onlardan istiyorum, diye bağırıyordu.

Çocuk aslında hangi meyveyi istediğini de bilmiyordu. Anneleri şaşkın şaşkın onlara bakarken Cemile de çocuğun yanına koştu ve bir sıçrayışta bir avokadoyu kaptı. Fakat üç dört tanesini de yere düşürdü. Çocuk da yerdekilerden birini alıp annesine göstererek:

-Bak! aldım, dedi. Cemile de annesine seslendi:

-Anne, ne olur bu yeşil armudu alalım.

Oğlanın annesi ne yapacağını, nasıl davranacağını şaşırmıştı. Alsa bir türlü, almasa bir türlü. Oğlunun yanına yaklaşarak alçak bir sesle onu vazgeçirmeye çalıştı:

-Cem, oğlum! Benim yanımda da fazla para yok. Sonra alırız, söz.

Fakat küçük oğlan elindekini vermemek için tepiniyor, ağlıyor; "Ben de yeşil armut isterim." diyordu. Yeşil başörtülü kadın da kızının elinden avokadoyu almaya çalışıyor, o zorladıkça kız yerlerde yuvarlanıyordu. O sırada Cem de annesinin şaşkınlığından yararlanıp Cemile'nin yanına koştu ve onun gibi yere attı kendini. İki çocuk birbirleriyle yarışır gibi boğazları patlayasıya bağırıyor, ağlıyorlardı. Onların bu yaygaralarını duyan birkaç kişi daha gelip toplandı oraya. Yeni gelenler soruyor, oradakiler yanıtlıyorlardı:

-Neler oluyor? Neden bu çocuklar bir yerine diken batmış gibi çırpınıyorlar?

-Avokado istiyorlarmış. Anneleri de almıyor, onun için ağlıyorlar.

-Ne anneler var, kardeş? Çocuklarından bir meyveyi esirgiyorlar.

-Vallahi ben olsam ağlatmam çocuğumu böyle. Ama benim Ceren'im yapmaz onlar gibi. Aaa! Nerede benim kız? Suna Hanım, Ceren nereye gitti?

-Ne bileyim Halime Hanımcığım? Senin arkandan geliyordu şimdi.

-Annee! Bak, ben de aldım bir tane.

Ceren elindeki avokadoyu annesine gösteriyor, gülüyordu. Annesi az önce söylediği sözleri anımsıyor, ne diyeceğini bilemiyordu. Alsa olmaz, almasa hiç olmazdı. Arkadaşı Suna Hanım iyi, hoş kadındır ama onun diline düşmek istemiyordu.

-Ceren, kızım. Ne yapacaksın o şeyi? Adını bilmeyiz, tadını bilmeyiz. Haydi, bırak onu da gel güzel kızım.

-Hayır, anne. Bırakmayacağım. Bir tanecik aldım zaten. Ne olacak ki?

Halime Hanım kızıyor fakat bir şey

söyleyemiyordu. Az ilerde çocuklarını avutmaya çalışan kadınlara doğru birkaç adım ilerleyip:

-Ne biçim annesiniz siz öyle? Çocuklarınıza sahip çıkamıyorsunuz. Benim kızımın da aklına soktunuz o meyveyi.

Yerde tepinip duran oğlanın annesi kendilerine bağıran kadını tepeden tırnağa süzdükten sonra:

-Asıl sen çocuğuna sahip çıksaydın hanım. Sirk mi vardı burada? Niye geldin? Çocuk bu özenecek elbet, dedi.

Onun çıkışmasından cesaret bulan yeşil başörtülü kadın da ona arka çıkmak için ellerini beline koyup kendilerine sataşan kadına doğru dönerek şöyle dedi:

-Senin bize söz söylemeye hiç hakkın yok, tamam mı? Herkes kendi çocuğundan sorumlu. Ne yapayım? Ben mi tembihledim kızıma git de o meyveyi bul diye?

Halime Hanım tam kendisine yapılan bu çıkışmaları yanıtlamaya hazırlanırken arkadaşı Suna Hanım onu kolundan tuttuğu gibi oradan uzaklaştırdı. Ceren alışveriş arabasıyla önden önden gidiyordu. Avokado arabadaydı ve küçük kız zafer kazanmış gibi seviniyordu.

-Ah! Ceren ah! Başıma ne işler açtın benim. Elin kadınlarına söz söylettin anneciğine.

-Çocuğun ne suçu var ki Halimeciğim? Boş ver. Bak nasıl da seviniyor yavrum.

Onlar oradan uzaklaşırken oğlanın annesi onun yanına geldi. Yumuşacık bir sesle:

-Cem, tamam yavrum. Senin istediğin yeşil armut olsun. Senden daha değerli değil ya bu, deyince Cem yattığı yerden fırladı, annesinin boynuna sarıldı, onu yanaklarından öptü. Çok sevinmişti. Elinde sıkıca tuttuğu avokadoyu ısırmaya çalıştı.

-Oğlum dur. Kabuğuyla mı yiyeceksin onu? Hem tozlanmıştır o. Evde yıkayıp soyarız da öyle yersin. Sonra parasını ödemeden burada yedirmezler.

Meyveyi alışveriş arabasına koydular. Bu sırada Cemile sarsıla sarsıla hıçkırarak annesinin gözlerinin içine bakıyordu. Yeşil başörtülü kadın içinden hesap yapıyor fakat elindeki parayı yettiremiyordu. Ya küçük oğluna bisküvi almayacaktı ya da eve yaya döneceklerdi. Ev çok uzaktı. Ama kızının daha fazla üzülmesine de içi elvermiyordu.

Çaresiz yürüyeceklerdi o yolu. Kadıncağız tam bunları düşünürken oğlanın annesi:

-Gördünüz mü yaptığınızı? Benim de hesabımı alt üst ettiniz. İstemeden de olsa aldık bir tane, diyerek oğlunun elinden tutup bir eliyle de alışveriş arabasını iterek uzaklaştı oradan. Yeşil başörtülü kadın arkalarından bakakaldı. Çok üzülmüştü. Böyle olsun ister miydi? Herkese rezil olduğunu düşünüyor, kimselerin yüzüne bakamıyordu. Kızının yanına çömdü yeniden ve onu kucağına alıp gözyaşlarıyla su gibi ıslanmış pembe yanaklarından öptü.

-Alacağız kızım. Ben seni üzer miyim hiç? Para senden daha mı önemli?

Cemile'nin ağlaması kesildi ama iç çekmeleri devam ediyordu. Annesinin boynuna sarılıp annesini yanaklarından öptü. Sonra elinden hiç bırakmadığı avokadoyu annesine gösterip kokladı, öptü, göğsüne bastırdı. İşte bu hareket yeşil başörtülü kadına öyle koydu ki "Yoksulluğun gözü kör olsun." diyerek için için ağlamaya başladı. Ağladığını kimseye belli etmeden yürüyordu. Cemile hala kucağındaydı.

-Anne beni yere indirsene. Kocaman kızım ben.

Marketten çıktıklarında torbalarında iki somun ekmek, bir paket bisküvi ve bir avokado vardı. Hava kararmak üzereydi. Eve kadar yürüdüler. Cemile'nin babası çoktan gelmişti eve.

-Nerede kaldınız? Çocuk annemin anasından emdiği sütü burnundan getirmiş.

-Aman dur. Bir de sen gelme üstüme. Ayaklarıma kara sular indi zaten.

-Baba, bak! Biz ne aldık?

Cemile annesinin elindeki torbaya elini daldırıp avokadoyu almaya çalışıyordu.

-Dur kızım, dur yapma. İçeri girelim de vereceğim.

Ayakkabılarını çıkardılar, içeri geçtiler. Kocasının annesini canından bezdirdiğini söylediği küçük oğlan ninesinin ayaklarında uyuyordu. Cemile'nin aklı yeşil armuttaydı. İçeri girer girmez torbadan meyveyi kapıp babasının kucağına atladı.

-Baba, bak! Yeşil armut aldık.

Yeşil başörtülü kadın evdekilerin meraklı bakışları arasında bugün yaşadıkları olayları anlattı kısaca:

-O gördüğünüz yeşil armuda dünyanın parasını saydık. Sonra da otobüse binecek paramız kalmadı, onca yolu yaya yürüdük.

Bunlar yetmez gibi küçük hanımı yolun yarısında kucağımda taşımak da cabası.

-Bir armuda o kadar parayı nasıl verdin? Deli misin sen?

-O armut değil canım. Ovakada ya da akovada, belki de ovakoda. Ne bileyim işte onun gibi bir şey. Bunlar dışarıdan geliyormuş.

-Adı neyse ne. O kadar para verilir mi bu ufacık şeye?

-Ne yapayım? Kızına söz geçiremedim ki.

Aynı saatlerde Cerenlerin evinde de olay babaya anlatılıyordu.

-...Dinletemedim bu şımarık kızıma. Tutturdu ben de isterim diye. Çaresiz aldık. Ama o parayı verirken içim cız etti. Aynı parayla bir kilo elma alırdım da doya doya yerdik. Fakat bütün suç o kadınlarda; çocuklarına sahip çıkamayan o iki kadında.

Ortalık biraz yatıştıktan sonra olay baştan alınarak bölük pörçük dinlediklerinden hiçbir şey anlamayan babaya yeniden anlatıldı. Ceren'in babası pek kızmadı. "Pahalıymış ama ne yapalım. Çocuğumuz özenmiş. Hem biz de tadına bakarız bu yeşil armudun.

-Armut değil o; avokada.

-Avokado olacak sanırım. Bulmacalarda çıkıyor da oradan biliyorum. Yoksa yemişliğimden değil. "Koyu yeşil renkli, armuda benzer, tropikal bir meyve" diye sorarlar.

Ve yine aynı saatlerde Cemlerin evinde de benzer bir durum yaşanıyordu. Cem'in öğretmen babası olayı olgunlukla karşıladı. "Çocuktur, özenir. Keşke gelirimiz yeterli olsa da daha sık alsak. Yiyemediğimiz daha ne meyveler, sebzeler var." dedi.

-Olmaz mı hayatım. Ananaslar var, Hindistan cevizleri var, papayalar var.

-Sus güzelim. Çocuk duyarsa özenir, ister. Nasıl alırız sonra?

Akşam yemekleri yendikten sonra Cemilelerin, Cemlerin, Cerenlerin evinde bu akşam ilk kez avokado yenecekti. Çocuklar çok sabırsızlanıyorlardı. Ana babalar onları oyalamakta zorlanıyorlardı. Cemileler daha fazla dayanamadılar oturdular masaya. Baba meyveyi eline aldı, evirdi, çevirdi. Sonra:

-Bunu soymak gerek herhalde, deyip başladı soymaya. Cemile babasının ellerini gözleriyle izliyor, ağzı şekilden şekle giriyordu. Sonunda muradına erdi. Babası avokadoyu dörde bölüp ilk parçayı kızına verdi. Cemile eline aldığı beyaz meyve parçasını kokladı ve ısırdı. Daha çiğner çiğnemez yüzünü buruşturdu. Meyve öyle acıydı ki. Cemile'nin o buruşmuş yüzünü gören annesi; "Ekşi galiba." dedi. Bu arada baba da meyveyi ısırmıştı ve onun da yüzü bumburuşuk olmuştu. "Ekşi değil, acıymış." dedi. Bütün bunları gördükleri halde anneyle nine de denediler. Şimdi herkes ağzındakini tükürecek yer arıyordu.

-Zehir bu.

-Böyle meyve mi olurmuş, gibi sözler söylediler. Sonra da başladılar gülmeye.

Aynı anda Ceren de mızıldanıp duruyor, bir an önce avokadoyu denemek istiyordu. Babası ise "Kızım çaydan sonra yeriz. Bırak da ağız tadıyla çaylarımızı içelim." diyerek onu oyalamaya çalışıyordu. Fakat Ceren'in o kadar beklemeye sabrı yoktu.

–Halime, kesiver şundan bir parça da ver, kız yesin. Baksana bekleyemeyecek. Biz de sonra tadarız.

Halime Hanım meyveden uzunlamasına bir dilim kesti ve kızının meraklı bakışları altında soydu. Yeşil kabuğun altından çıkan beyaz etli parçayı kızına uzattı. Kız annesinden aldığı meyve parçasının ucundan kocaman bir ısırık aldı. Daha o anda meyvenin acısı ağzına yayıldı ama o yine de çiğnedi ağzındaki parçayı. İşte o zaman kusacakmış gibi bir hareketle annesinin kabukları soyduğu gazetenin üzerine tükürdü.

-Ne yapıyorsun kızım? Tükürülür mü oraya?

-Ne yapayım çok acı.

-Acı mı? Biber gibi mi?

-Hayır, acı işte.

Sonra annesi de babası da sırayla ısırdılar meyveden ve onlar da acıyla buruşturdular yüzlerini. Ağızlarındakileri çıkaracak yer aradılar.

-Nasıl meyve bu böyle? Zehir gibiymiş.

-Madem acı niye satarlar ki bunu?

-Acaba biz mi yemesini bilemedik?

Elbette küçük Cem de annesine zorla aldırdığı yeşil armudun tadını merak ediyordu.

-Anne ne zaman yiyeceğiz armudu?

Cem'i babası yanıtladı:

-Cem oğlum. Daha önce hiç yemediğimiz bir meyve bu. Bizim ülkemizde yetişmiyor, sanıyorum. Belki Antalya, Mersin dolaylarında yetişebilir, bilemiyorum. Neyse bak şimdi ne yapalım biliyor musun? Ben bizim arka sokaktaki kahveye gideyim. Orada internet var. İnternetten bu meyve hakkında bilgi araştırıp geleyim, öyle yiyelim.

Cem istemeyerek razı oldu. Babasına gecikmeden gelmesini tembihledi. Sonra elinde avokadoyla oyuncaklarının arasına daldı. Aradan bir saat geçti. Kapı çaldığında Cem çoktan uyumuştu. Fakat meyveyi elinde sıkı sıkıya tutuyordu. Annesine vermemişti. Onun meyveyi saklamasından korkuyordu.

-Sen gelene kadar çocuk uyudu. Baksana meyve hala elinde; bana vermedi. Nerede kaldın?

-Hayatım üç bilgisayar var kahvede. Üçü de doluydu. Gençler oyun oynuyorlar. Kalkmak bilmediler. İnternet üzerinden oynuyorlarmış, yarıda kesemezlermiş. Çok para veriyorlar, biliyor musun? Kahveci Selim Abi araya girdi de çocuklardan biri avokado yazıp bir düğmeye bastı, bilmem kaç bin tane sayfa bulundu. Birinden baktık ne bilgiler vardı avokado hakkında? Önemlilerini bir kağıda yazdırdık. İşte burada. Okuyayım da dinle; gör neymiş bu senin meyven.

Yan yana oturdular. Kağıdı birlikte

okudular. Adı meyve diye geçse de daha çok sebze gibi tüketilirmiş. Sertleri çok acı olurmuş. Olgunlaşması için bir kağıda sarılıp üç dört gün bekletilmeliymiş. Sonra yemeklerden yemek beğen:

-Omleti bile olurmuş.

-Bak, soyulup ezilerek bal ve ezilmiş cevizle karıştırılıp ekmeğe sürülürmüş. Güzel olur mu acaba?

-En çok salatalara doğranıp maydanoz ve domates eklendikten sonra bol limon sıkılarak yenirmiş.

-Sulu yemeğine kadar ne istersen yapılırmış. İyi ki araştırdın kocacığım. Yoksa biz onu soyup ısıra ısıra yiyecektik.

-İyi de bu çocuğu üç dört gün nasıl oyalayacağız? Onu düşünüyorum.

Bu sırada Cemile karın ağrısından kıvranıyordu. İlle de yiyeceğim diye tutturmuş, meyvenin yarısını acı acı yemiş. Sonra da bardak bardak su içmiş. Şimdi de ağrıdan duramıyordu.

-İyi oldu. Aldırır mıydın bilmediğin şeyi?

-Öyle deme hanım. Çocuk ne bilsin. Biz bilebildik mi? Şimdi geçer kızım. Gel bakayım sen babacığının dizine yatıver de ben senin karnını ovuşturayım. Olmazsa hastaneye gideriz. Ama annen çok haklı. Çocuklar biraz da büyüklerinin sözünü dinlemeli.

# ARI DESTANI

Ana Arı
erkenden uyandı bu sabah.
İçi içine sığmıyordu.
Sevinçten gözünü kırpmamıştı gece.
Çok mutlu,
çok gururluydu.
Nasıl olmasın?
İçinde yüzlerce can taşıyor;
yüzlerce yumurta...

Günlerdir
onlarla yatıyor,
onlarla kalkıyordu.
Hayallerini de
rüyalarını da
onlar süslüyor.
İşçi arılar
dört dönüyor
Ana Arı'nın çevresinde.
Gözünün içine bakıyorlar.
Onlar da
heyecanını taşıyorlar
o büyük günün.
Kendilerini
ne denli zor günlerin beklediğini biliyorlar
ve buna hazırlar.
Onlar seçilmiş arılar;
bunun ayırtındalar
ve bundan
gurur duyuyorlar.
Artık
sabırsızlıkla gün sayıyorlar.
Kışı atlatıp
bahara çıkılınca
ilk iş
bol polen
ve balözü toplandı.

Peteklerin tüm gözleri balla dolduruldu.
Sonra
Ana Arı
kendisine en uygun eşi seçti
erkek arılar arasından.
Şimdi Ana Arı yumurta yüklü.
Vereceği oğulun hazırlıklarını yapıyor,
yaptırıyor.
İşçi arıların gözü kulağı onda.
Onun tüm buyrukları
eksiksiz uygulandı.
Özel petekler üretildi,
Özel gözler hazırlandı.
Günler sürdü
bu tatlı uğraşı.
Onlar bu görevin
ne denli zor
ve ne denli önemli olduğunu biliyorlar.
Ve onlar zamanla
ve de birbirleriyle
yarışacaklarını da biliyorlar.
Yanlış yapılmayacağını da.
Ve her yanlışın
bir cana bedel olduğunu da.
Ana Arı
iyice ağırlaştı.
Artık yumurta dökme zamanı yaklaştı.

İşte
bir arının
ömründe yalnız bir kez
yaşayabileceği en güzel an bu.
Ana Arı,
seçilmiş arılara;
"Haydi, zaman geldi." dedi.
"Size önemli görevler düşüyor
ve siz buna hazırsınız.
Göreyim sizi!
Bir yumurtaya bile zarar gelmesin."
İşçi arılar
sevinçle vızıldadılar:
"Hazırız kraliçem!
Siz hiç kaygılanmayın.
Biz bu günler için yetiştirildik.
Her yumurta bir can demektir.
Ve biz biliriz;
bir can ne demektir?"
Ana Arı
çok duygulandı.
İki yanında
ikişer korumasıyla uçuşa hazırlandı.
Korumalardan biri
gür sesiyle haykırdı:
"Arı kardeşler!
İşte o büyük an geldi.

Şimdi herkes görevinin başına!
Kraliçemiz yumurta bırakacak..."
Bir anda vızıltılar çınlattı
Kovanın içini.
Sonra herkes
görevinin başına koştu.
Savaşçı arılar
kapı girişini tuttular.
Seçilmiş işçi arılar
özel peteklerin başına uçtular.
Her biri bir gözün önünde durdu.
Ana Arı ağır ağır uçuyordu.
Yavaşça alçaldı.
İlk göze yaklaştı.
Heyecandan kanatları titriyordu.
Yumurtayı düşürmeden
yerine bırakmalıydı.
Derin bir soluk aldı
ve ilk yumurtayı
ilk göze bıraktı.
Her şeyin ilki gibi
bu da özeldi.
İşçi arının beklediği andı bu.
Yutkundu
ve ince bir mum katmanıyla
örttü gözün üzerini.
Mutluydu.

Görevini başarıyla yapmıştı.
Gözünden bir damla yaş süzüldü.
Ana Arı
daha üçüncü göze yumurta bırakıyordu ki
kapıdaki nöbetçi arının
bağırtısıyla çınladı kovan:
"Yandım anam!"
Sonra diğer nöbetçinin
acı çığlığı duyuldu.
İki nöbetçi de vurulmuştu
ve korkulan olmuştu;
bu bir baskındı.
Savaşçı arılardan bir bölük
gövdeleriyle bir duvar ördüler
kapı girişine.
Diğer savaşçılardan yarısı
düzenli bir şekilde dışarı çıktılar.
Eşek arıları saldırıyordu.
Durum çok ciddiydi.
Eşek arıları açtılar
ve acımasızdılar.
Gözleri dönmüştü açlıktan.
Saldırganların komutanı
gür sesiyle bağırıyordu biraz açıktan:
"Saldırın aslanlarım!
Kovan bal dolu.
Az sonra yiyeceğiniz balı düşünün.

Bu bir şölen olacak.
Saldırın!"
Savaşçı bal arıları
yiğitçe savunuyorlardı kovanı.
Biliyorlardı ki
bu haydutlar girerse içeri
Ana Arı'nın döktüğü yumurtaları da
yiyecekler.
Bu,
yeni kuşağın yok olması demektir.
Düşüncesi bile korkunç.
Öyleyse;
"Ölmek var, dönmek yok!" diyorlardı.
Bu sırada içeride
Ana Arı
ve seçilmiş işçi arılar
zamanla yarışıyorlardı.
Görev zaten zordu.
Bu baskın
onu daha da zorlaştırıyordu.
Yumurtaların bir teki bile
zarar görmemeliydi.
Yükü ağırdı,
sorumluluğu
yükünden de ağırdı.
Seçilmiş işçi arıların da
Sorumluluğu büyüktü.

Gözlere bırakılan
her bir yumurtadan
bir larva çıkacak.
Öyle korumasız,
öyle savunmasız ki bunlar.
İşte onları
bu seçilmiş işçi arılar koruyacak.
Her bir yavruya
Bir işçi arı gözü gibi bakacak.
Ana Arı
gücünün tükendiğini hissediyordu.
Ama
öyle kutsal bir görevdi ki bu
ne yorgunluğu düşünebiliyordu şu an
ne ölümü.
Oysa o anda
kovanın önünde kıyametler kopuyordu.
Savaşçı arılar
korkusuzca savunuyorlardı kovanı.
Kendilerinden
daha güçlü,
daha kalabalık,
aç ve acımasız eşek arılarına karşı
gövdelerini kalkan yapıp
kapıdan
bir tek düşmanı içeri sokmuyorlardı.
Her biri biliyordu ki

kendisi öldüğünde
yerini dolduracak
onlarca savaşçı arı bekliyordu geride.
Ve onlar biterse
işçi arılar vardı kovanı koruyacak.
Fakat düşman da yaman mı yamandı.
Kovandan yayılan
bal kokusu
başını döndürüyordu eşek arılarının.
Bu yüzden
daha bir hırsla,
daha bir öfkeyle saldırıyorlardı.
Ana Arı
Son yumurtayı bırakıyordu.
Gözü kapıya ilişti.
Keşke bakmasaydı.
Gördüğü durum
içler acısıydı.
Yüreğine inme inecekti.
Yalnızca
üç savaşçı arı kalmıştı kapının önünde
ve
dışarıdan gelen sesler
tüyler ürperticiydi.
Ana Arının,
Son yumurtayla
gücü tükendi kanatlarının.

Yığılıverdi peteğin üzerine.
Seçilmiş işçi arılar
şaşkına döndüler.
Hemen üçü
bal dolu peteklere uçtular.
Ağızlarını bal doldurdular.
Var güçleriyle döndüler
Ana Arının başucuna.
Sırayla yedirdiler getirdikleri balları.
Çok geçmeden
canlanır gibi oldu Ana Arı.
Yeniden gittiler.
Yeniden getirdiler
birer ağız dolusu bal daha.
Ana Arı toparlandı biraz.
Hemen kapıya baktı yeniden.
Son savaşçılar da
dışarıdaydılar şimdi.
Ve ölümüne savaşıyorlardı.
Doğruluverdi dimdik
Ana Arı.
"dayanın!" dedi.
"Dayanın yiğitlerim!
Komayın içeri düşmanları.
Bu yıl oğul veremezsek
kurur soyumuz…"
"Bağışlayın bizi kraliçem!

Bağışlayın bizi!
Koruyamadık sizi."
Son sözleriydi bunlar
son savaşçıların.
Ana Arı
şimşek gibi fırladı
yattığı yerden.
"İş başa düştü!" dedi
Seçilmiş arılara.
"Haydi hazırlanın!
Savaşçısı biter mi bu kovanın?"
"Bitmez kraliçem" dedi
Seçilmiş işçi arılar.
"Biz ne güne duruyoruz?
Sizi korumaya
ve gerekirse
bu uğurda ölmeye hazırız."
"Öyleyse durmayın!
Saldırın!
İçeri giren şu düşmanı durdurun!"
Hep birlikte
kapıya doğru uçtu işçi arılar.
Bir bulut gibi sardılar
kovana sızan ilk düşmanı.
Oysa o
zafer kazandığını düşünüyor,
yiyeceği balı hayal ediyordu.

Neye uğradığını bilemedi.
Yığıldı yere
bir daha kendine gelemedi.
İkincisinin de sonu aynı oldu.
Üçüncüsünün de.
Ve dördüncü eşek arısı
tam uzatmıştı ki başını
kendisine bakan
onlarca göz gördü
ve onlarca kanat vızıltısıyla uğuldadı
kulakları.
Arkasına baktı
kimseler yoktu.
O an
tek kaldığını anladı.
"Can baldan tatlı." dedi.
Canını kurtardı.
Zafer çığlıkları doldurdu kovanın içini.
Ana Arı gururla baktı
Seçilmiş işçi arılara.
Ve sevgiyle baktı
Sıcacık gözlerde
Her şeyden habersiz uyuyan yumurtalara.
Fakat çabucak topladı kendini.
Yapılacak çok iş vardı.
Bir tek savaşçı arı kalmamıştı.
Kovanı kim koruyacak şimdi?

Kim balözü toplayacak?
Kim polen taşıyacak?
Düşündü…
Düşündü…
Kalanlara çok iş düşüyordu.
Yılmadılar,
çok çalıştılar.
İşe
kovanın önü temizlenerek başlandı.
Ölen arılar
uzaklara taşındı.
Savaş görüntüsü silindi.
Sonra
görev bölümü yapıldı yeniden.
Yeni savaşçı birliği kuruldu
seçilmiş işçi arılardan.
Kovanda birikmiş bal vardı.
Bu işi kolaylaştırıyordu.
Küçük bir işçi gurubu
Eksilen balı tamamlayacaktı
Şimdi ilk iş;
yavrular beslenecek
ve oğul verilecekti.
Gerisi nasıl olsa olurdu.
Oğul uçurulunca
kışlık bal toplanacaktı
elbirliğiyle.

Ve öyle yapıldı.
Seçilmiş işçi arılardan yarısı
Çiçek çiçek dolaştılar.
Balözü,
polen topladılar.
Bu arada
yumurtalar çatlamaya başladı
birer ikişer.
Larvalar doldurdu gözleri.
Bal şerbetiyle beslediler.
larvaları.
Sonra
En sağlıklılarından ikisi seçildi.
Onlar kraliçe olacaklardı
büyüyünce.
Bu yüzden
onların besini ayrıydı diğerlerinden.
Arı sütüyle beslendi onlar.
Hepsinden daha iri,
daha gösterişli oldular.
Günler çabucak geçti.
Larvalar büyüdü;
Yavru arılara dönüştüler.
Yetişkinlerin tek derdi
yavruları büyütmekti.
Onlar da hızlı büyüyorlardı.
Artık kovanın içinde

Sağlıklı genç arılar uçuşuyordu.
Savaşçı birlik
onlara uçuş eğitimi verdi.
Çabuk öğrendiler uçmayı,
yön bulmayı.
Oğul hazırdı.
Ana Arı
hem gururluydu
hem de buruk bir sevinç vardı içinde.
Yeni kraliçelerden biri
oğulla birlikte gidecekti.
Diğeri kovanda kalacaktı.
Ve kendisi kovandan ayrılacaktı.
Kural buydu.
Yasa kesindi;
kovanda kalamazdı.
Çünkü;
ne yumurta verebilirdi artık
ne savaşabilir
ne de balözü toplayabilirdi.
O yaşlı bir arıydı
ve bu kovanda işe yaramayan kimse
barınamazdı.
Öyleyse
ya kendiliğinden gidecek
ya da atılacaktı kovandan.
Seçilmiş işçi arılar

sevinç çığlıklarıyla uğurluyorlardı oğulu.
Ana Arı
usulca ayrıldı oradan.
Yakındaki bir ağacın
yaprakları arasına gizlendi.
Uğurlama törenini buradan izledi.
Sevgiyle baktı uzaklaşan oğulun ardından.
"Gururluyum!" dedi
"Hepsi benim çocuklarım.
Görevimi başarıyla yaptım."
İki damla yaş süzüldü gözlerinden.
Sonra
var gücüyle çırptı
yorgun kanatlarını.
Uzaklara uçtukça
duyulmaz oldu
kovandan yükselen sevinç çığlıkları.
Çok geçmeden
gözden yitiverdi
yaşlı Ana Arı.